本书受到北京第二外国语学院学术专著出版经费资助

光明社科文库
GUANGMING DAILY PRESS:
A SOCIAL SCIENCE SERIES

·经济与管理书系·

全球化与贸易
——中国优势与机遇

罗立彬 | 著

光明日报出版社

图书在版编目（CIP）数据

全球化与贸易：中国优势与机遇 / 罗立彬著．--北京：光明日报出版社，2022.5
ISBN 978-7-5194-6418-9

Ⅰ.①全… Ⅱ.①罗… Ⅲ.①对外贸易—研究—中国 Ⅳ.①F752

中国版本图书馆 CIP 数据核字（2021）第 271788 号

全球化与贸易：中国优势与机遇
QUANQIUHUA YU MAOYI：ZHONGGUO YOUSHI YU JIYU

著　　者：罗立彬	
责任编辑：李　倩	责任校对：刘浩平
封面设计：中联华文	责任印制：曹　净

出版发行：光明日报出版社
地　　址：北京市西城区永安路 106 号，100050
电　　话：010-63169890（咨询），010-63131930（邮购）
传　　真：010-63131930
网　　址：http://book.gmw.cn
E - mail：gmrbcbs@gmw.cn
法律顾问：北京市兰台律师事务所龚柳方律师
印　　刷：三河市华东印刷有限公司
装　　订：三河市华东印刷有限公司

本书如有破损、缺页、装订错误，请与本社联系调换，电话：010-63131930

开　　本：170mm×240mm
字　　数：125 千字　　　　　　　印　　张：12.5
版　　次：2022 年 5 月第 1 版　　　印　　次：2022 年 5 月第 1 次印刷
书　　号：ISBN 978-7-5194-6418-9
定　　价：85.00 元

版权所有　　翻印必究

目 录
CONTENTS

第一篇　全球化与中国优势篇 ·················· 1

第一章　保持产业链供应链稳定性和竞争力 ············ 3

第二章　更有针对性稳外贸稳外资 ················ 8

第三章　积极扩大进口与中国制造业转型升级 ·········· 11

第四章　达沃斯开启第四次工业革命思考 ············ 34

第五章　改革开放惠己惠人 ···················· 38

第六章　推动形成全面开放新格局：必然选择与战略方向 ···· 41

第七章　中国加入世贸组织对世界经济的贡献 ·········· 49

第八章　将短期之危转为长期之机 ················ 53

第九章　找到"疫情防控"和"经济建设"之间的权衡 ······ 59

第十章　风险挑战前所未有，但中国的发展必将充满希望 ···· 64

第十一章　中国从"世界工厂"到"世界市场" ·········· 67

第十二章　中国如何将"中等收入陷阱"转为发展机遇 ······ 71

第十三章　共享单车租赁模式引领共享经济发展 …………… 77

第二篇　服务贸易与文化贸易篇 …………………………………… **91**

第十四章　用好比较优势，发展国际服务贸易 ……………… 93
第十五章　新冠肺炎疫情对服务贸易的影响 ………………… 100
第十六章　充分挖掘中国服务贸易的比较优势 ……………… 105
第十七章　影视产品经济特征与中国影视出口"一带一路"
　　　　　国家的途径 ………………………………………… 110
第十八章　中国电影市场高质量发展阶段：新特征与战略 … 125
第十九章　中国市场深度影响好莱坞"审美观" ……………… 142
第二十章　市场开放与本国文化元素的国际传播：以中国
　　　　　电影市场开放为例 ………………………………… 148

第三篇　双循环新发展格局篇 ……………………………………… **169**

第二十一章　扩大最终消费利当前惠长远 …………………… 171
第二十二章　推动形成双循环新发展格局 …………………… 175
第二十三章　多措并举　促进形成强大国内市场 …………… 180

参考文献 ……………………………………………………………… **183**
后　记 ………………………………………………………………… **190**

01

第一篇

全球化与中国优势篇

第一章

保持产业链供应链稳定性和竞争力[①]

中共中央政治局于2020年4月17日召开会议，强调要保持我国产业链供应链的稳定性和竞争力，促进产业链协同复工复产达产。5月14日，中共中央政治局常委会召开会议，研究提升产业链供应链稳定性和竞争力。

全球产业链是各国微观经济主体根据各经济体的比较优势而形成的一种高效率生产链条，遵循长期内在规律。而新冠肺炎疫情并非长期状态，不应该成为改变全球产业链的原因。因此，市场和政府两种力量应当协调合作以保持产业链和供应链的稳定性和竞争力。中国是全球产业链的重要环节，保持我国产业链和供应链的稳定性和竞争力，既关系到中国的经济增长、就业及物价等经济基本面，关系到统筹做好疫情防控和经济社会发展问题，也关系到全球经济发展以及全球化进程。

要对我国产业链的稳定性和竞争力保持信心。一是要看到，完备的产业链是几十年逐渐形成的，既不是某一个突发事件导致的结

[①] 本文发表于《广州日报·理论周刊》2020年5月18日。

果，也不是任何国家或者政府意志的产物，是各个微观经济主体在衡量成本收益做出理性选择之后集合而成的一种结果，不会因为一次疫情而发生本质性变化。中国是全世界唯一拥有联合国产业分类中全部工业门类的国家，产业配套能力全球领先。这就为保持产业链供应链的稳定性和竞争力奠定了基础。二是经过努力，当前国内疫情防控积极向好态势持续拓展，也成为全球范围内疫情控制最好的地方。如果策略得当，此次疫情反而有可能成为提高中国市场规模占全球比重的因素，甚至有可能更加巩固中国作为"世界工厂+世界市场"的地位。一些国家的政府主张通过某些"政策促进"的方式来鼓励企业迁出中国，这种努力恰恰说明"去中国化"需要支付巨大成本，并非微观经济主体的理性选择，也很难实现。三是在统筹疫情防控和经济社会发展过程中，无论是微观经济主体还是政府部门，都体现出很强的应对能力，让人们看到了有效市场加有为政府的力量。

突如其来的疫情带来巨大冲击，但也激发出我国微观经济主体的应对能力，体现出微观经济主体的活力，甚至让人们看到了将短期冲击转化为长期产业链创新的机遇。比如，为应对疫情导致的就业结构性影响，线下企业和线上企业之间达成临时协议，员工之间临时借调，出现了"共享员工"；企业充分利用互联网平台进行分包发包工作，解决临时产能不足的问题；有工厂把生产线"拆整为零"，紧急组装出"云生产线"，让员工在家复工……这些现象，充分说明市场上的微观经济主体在面临外部重大冲击的时候，显示出极强的适应能力。同时，这也让人们看到互联网的重要作用和前景。

互联网的作用不仅仅体现在生产链条的国内重组以提升效率，在一些平台企业扶持中小企业脱困方面也发挥着作用。比如，阿里巴巴重启"春雷计划2020"扶助中小企业，出台五大方面16项扶助措施；京东近日也宣布"新国品计划"，首期拿出价值12亿元的资源进行扶持。微观经济主体自身的应对，对于稳定产业链供应链也具备重要意义，体现出有效市场的重要作用。

有为政府得到充分体现。疫情以来，各级政府采取了各种有效措施积极应对。一是降低产业链供应链中直接与政府相关的一些成本，比如国际贸易中的通关成本、企业复工复产过程中的审批流程成本、制定和调整适宜的产品标准等；二是发挥政府的服务功能，降低产业链供应链的信息与沟通成本；三是进行国际政策协调；四是帮助产业链协调复工复产达产，解决产业链供应链各环节中的"短板"。产业链供应链"环环相扣"，非疫情期间可以发挥分工与专业化的高效率，但疫情冲击之下，产业链整体效率就不再取决于复工率最高的环节，而是复工率最低的"短板"环节。这种某一个断点导致的产业循环和市场循环的阻断，不再仅仅关乎断点本身，而是为整个产业链供应链的运作带来了"外部成本"。这种情况之下，政府之"手"的介入就有意义。比如，近期江西、浙江等不少地区都推出了产业链"链长制"。地方领导挂帅出征，有了一个新身份——产业链链长。针对产业发展存在的链条不完善、龙头企业不强等问题，尤其是受疫情冲击，产业链供应链衔接不畅、部分产业运行困难的问题，全面梳理供应链关键流程、关键环节，精准打通供应链堵点、断点。

保持产业链稳定性和竞争力要有需求支撑，应当充分认识且适应疫情状态下全球需求总量和结构方面的变化。疫情会带来全球需求总量下降，尤其是目前疫情严重的国外需求下降会更为严重。这就要求开拓和挖掘确定性相对较强的国内市场，应当从收入总量、收入分配、时间、交易成本以及政策等多方面放松对国内消费和投资的约束，利用和发展强大国内市场，将超大规模市场优势发挥出来。这需要市场和政府两方面力量共同努力。市场方面，一些企业抓住机遇，依靠巨大的国内市场支撑开拓国际市场，比如钉钉在国内疫情期间为全国各类学校提供远程教学平台服务，而后来日本因疫情影响宣布学校停课时，钉钉就立刻开始为日本中小学生远程教学提供服务；联合国宣布腾讯公司作为其全球合作伙伴，为联合国成立75周年活动提供包括视频会议在内的全面技术方案。各级政府也出台各种举措来复市，比如消费券补贴等；一些省份尝试在部分人群中实行每周"四天半"工作制来放松服务型消费的时间约束；《中共中央国务院关于构建更加完善的要素市场化配置体制机制的意见》的正式公布，表明了国家继续推进深化改革的决心，这将有利于继续深入挖掘中国国内经济增长的潜能，用长期改革来应对短期危机。

疫情之下全球需求结构也会发生重大变化，尤其是与防疫相关的产品和服务需求会大大增加。对此，我国应该利用本身具备的优势，迅速调整生产和贸易结构，发展防疫产品和服务的生产和出口。2020年4月，我国外贸出口同比增长8.2%，其中防疫物资出口高速增加是一个重要方面。同时，利用疫情时期的特殊需求，努力降低出口贸易成本，开展国际政策协调，使得出口贸易的政策成本下降。此外，要进一步推进高水平对外开放，用国内大市场、更好的营商环境稳定外资存量并吸引外资增量。

第二章

更有针对性稳外贸稳外资[①]

新冠肺炎疫情发生以来,习近平总书记多次强调,强化"六稳"举措。2020年3月4日召开的中共中央政治局常委会会议明确指出,要在扩大对外开放中推动复工复产,努力做好稳外贸、稳外资工作,开拓多元化国际市场。

稳外贸、稳外资,首先要全面、辩证和长远地看待外贸外资发展,增强信心。疫情对外贸外资产生了短期冲击,但是中国经济长期向好的基本面不会改变,中国的全球价值链地位不会变化;中国产业规模大、门类全、配套完备,短期很难被替代;疫情的压力,也可变为动力,推进高水平对外开放。建立与疫情防控相适应的外贸与外资秩序,需要针对具体情况采取具体措施,有针对性地稳外贸、稳外资。

加强稳外贸针对性,需要做好分层分类指导。一是做好地区分层分类,对于不同风险等级地区采取不同措施;二是做好目标分层分类,优先保障外贸产业链、供应链畅通运转,稳定国际市场份额;

[①] 本文发表于《人民日报》2020年4月14日第5版。

三是做好行业分层分类，优先保障对国内外经济影响较大的汽车、电子、船舶、航空等产业链长、带动力强的产业外贸外资的稳定；四是做好企业分层分类，优先保障全球价值链中有重要影响的配套企业复工复产；五是做好政策工具分层分类，既要用好出口退税、出口信用保险等合规的外贸政策工具来对冲外贸外资企业在疫情中的损失，同时简化通关手续、降低通关费用，鼓励外贸新业态新模式，切实降低贸易成本。

稳外资方面，要促增量、稳存量并举。对于已经在谈和在建项目要密切关注，开展"点对点"服务保障，协调解决困难，保障其按计划进行；同时为了吸引增量外资，要创新和优化招商引资模式，采取网上洽谈、视频会议、在线签约等方式，推进投资和促进招商工作。另外，要继续优化外资营商环境，实施好外商投资法及实施条例，同时扩大外资准入，压减负面清单，增强外商长期投资经营的信心。

一段时间以来，我们采取了一系列全面且具体的措施，免除或降低进出口货物港口建设费、货物港务费、港口设施保安费等货物贸易成本，对冲疫情的不利影响。商务部采取多项具体措施解决港口物流衔接困难问题；山东青岛港运用网络平台办理业务，线上平台办理业务率达80%以上，为企业节省中间环节费用；多个外贸大省实施"一企一策"，从金融、物流、劳动力等方面帮助企业解决实际问题。在这些措施助力下，外贸外资企业纷纷复工复产，全国进出口已经出现恢复性增长的积极势头。

相关措施直面企业具体困难，减损失、降成本、增信心，更重要的是，有利于长期推进高水平对外开放。疫情是短期的，深化改革和对外开放是长期的；稳外贸、稳外资，既要解决疫情短期之困，又要有利于全面深化改革和高水平对外开放的长期目标。比如线上平台办理业务，加强信息化管理，提高业务办理效率，既解近忧，又利长远。在具体措施实施过程中，应观察效果、总结经验，保证可持续性和可复制性，争取有更多的措施可以推广复制到更多地区、更多领域。相信在各级党委、政府和企业的共同努力之下，我们一定可以转危为机，将应对疫情的短期措施，转化为推进高水平对外开放的长期举措。

第三章

积极扩大进口与中国制造业转型升级[①]

2018年习近平总书记在首届国际进口博览会的主旨演讲中指出："中国主动扩大进口，不是权宜之计，而是面向世界、面向未来、促进共同发展的长远考量。"2019年3月5日，李克强总理在政府工作报告中指出："优化进口结构，积极扩大进口。办好第二届中国国际进口博览会。"这标志着中国的开放战略转向鼓励出口和进口并重的新阶段。在此背景下，深入全面地分析与研究扩大进口对中国经济的影响具备重要意义。

一、关于进口对国内产业影响的现有研究进展与评述

当前关于进口对进口国经济的影响可分为以下两个角度：一是从中间品进口的角度研究；二是从最终消费品进口的角度研究。对于进口中间品角度的影响主要包括进口带来了生产率的增长和资源配置效率的提高，以及进口的技术溢出效应。对于进口最终消费品角度的影响主要包括进口种类增长带来的福利效应和进口竞争导致

---

① 本文发表于《经济研究参考》2019年第7期，作者为罗立彬、陆晔翎和张箫箫。

价格下降两个方面。

(一) 从中间品进口的角度研究

进口中间品的贸易利得往往隐藏在生产率增长中，企业生产率增长实质上是生产者层面的进口贸易利得。一方面，Rivera – Batiz and Romer (1990) 发现进口可以通过两种渠道促进全球经济增长：第一，Grossman and Helpman (1991) 研究发现，进口中间品的质量相对于国内相关产品质量较好。国外学者运用各国宏观数据的经验研究结果表明，进口中间品能通过技术外溢和竞争效应促进进口国自身全要素生产率 (TFP) 的显著提升。第二，进口新的产品种类降低了研发成本，促进了更多新产品种类的生产，生产者通过进口新的产品种类促进 TFP 的提高。Halpern et al. (2009) 证实进口中间品份额从 0 增加至 100% 会引致匈牙利企业生产率水平平均提升 14%；关税削减下，小企业倾向于通过进口更多新产品种类以提高生产率，而大企业则倾向增加既有进口品种类。陈勇兵等 (2012) 利用中国工业企业数据分析了进口中间品对企业全要素生产率的影响，发现企业进口中间品对全要素生产率有显著的促进作用，尤其对人均资本较低的企业和西部企业更为明显。钟建军 (2016) 认为提高进口中间品质量可以提高企业生产率。

另一方面，也有学者研究表明价格成本加成的变化通过影响配置效率，进而对一国的贸易利得产生影响。Salvo (2010) 利用巴西水泥行业的研究表明，即使进口贸易量几乎没有变化，进口压力也可以降低巴西水泥行业的价格成本加成。一个经济体的贸易开放了，会迫使一些企业降低价格成本加成，而另一些企业保持最初较高的价格成本加成，不断增加的价格成本加成分布会降低配置效率。Holmes et al.（2012）指出企业生产率和配置效率是贸易影响福利的两种渠道：一是平均生产率指数，二是企业配置效率指数。他们的研究表明，配置效率带来的贸易利得的改变取决于国内企业和国外企业的价格成本加成，如果一个部门平均的价格成本加成高于整体经济的平均值，部门间的平均配置效率将提高；进一步，作者分析了来自企业资源配置效率部分的福利和来自企业生产率部分的福利的大小，表明较少贸易量对资源配置效率有负的影响，但较大贸易量具有显著的积极影响。

李有（2006）分别运用我国产业、地区和国家层次的数据对进口贸易的技术溢出效应进行了多层次实证分析，结果表明进口显著地促进了制造业的技术进步和生产率增长。运用地区层次数据的实证结论显示：外国研发通过进口也显著地促进了我国 TFP 和技术效率的增长；但是，通过进口传导的外国研究与开发活动只有与人力资本相结合才能对我国的技术进步产生显著的促进作用。国家层次数据的协整分析表明：TFP 与进口技术溢出和国内研发之间存在长期稳定的均衡关系，这种稳定的均衡关系是通过人力资本的作用体现出来的。虎岩（2007）以内生增长理论和新贸易理论为基础，探讨了进口贸易与我国技术进步之间的关系，对比分析了源于不同贸易伙伴国（经济合作与发展组织中 G – 7 国家）的技术溢出效应。结果表明，源于不同贸易伙伴国的技术溢出效应存在显著的国别差异，日本对我国的技术溢出效应最显著，其次为美国。Boler 等（2015）发现，进口中间品使企业短时间内提升了投入品的质量，从而能够生产出更高质量的产品，这表示企业技术水平得到了提高。

（二）从最终消费品进口的角度研究

对于从进口最终消费品角度的研究发现，进口产品种类的增长和进口竞争导致价格成本加成的下降，都为消费者带来了福利。

Cabral and Manteu（2010）以葡萄牙为研究对象发现，1995—2007 年间进口产品种类的净变化累积降低了进口价格指数的 2.3%，进口种类增长致使消费者的福利增长相当于国内生产总值的 0.7%。Minondo and Requena（2010）利用 HS-6 位数西班牙进口数据分析 1988—2006 年间进口种类增长带来的福利效应，结果发现，新增产品种类引致的福利增长相当于其国内生产总值的 1.2%，其中，中国是最大贡献者，贡献度高达 12%。Chen and Ma（2012）利用 1997—2008 年中国海关 HS-8 位数产品数据，测算了中国从进口种类中获得的贸易利得，结果表明，在控制了加工贸易中的主要进口中间品投入后，来自新增进口产品种类的贸易利得相当于中国国内生产总值的 4.9%，也就是每年 0.4%。进一步分国别发现，中国的贸易利得主要来自日本，其次是加拿大和德国，拥有丰富自然资源的国家，如印度尼西亚、俄罗斯、伊朗和澳大利亚对中国的贸易利得也有很大的贡献。

贸易自由化对促进竞争产生了积极效应，而进口竞争导致了产品价格成本加成的下降。Krishna and Mitra（1998）发现，印度自

1991年实施多项自由化措施后，多数产业的价格成本加成有显著下降。Devereux and Lee（2001）在不完全竞争框架下，分析了较高的无效率进入带来的贸易利得成本，通过提高竞争程度，国际贸易会降低价格成本，减少过度的进入。模型能够区分产品种类带来的贸易利得和竞争带来的贸易利得，特别值得注意的是，与大国相比，小国的贸易利得更大。Badinger（2007）通过1981—1999年欧盟10个成员国和18个行业的数据检验了建立统一市场对价格成本加成的影响。考虑到经济周期和技术因素，他发现一体化后制造业价格成本加成下降了31%，特别是化工、橡胶和塑料制品、金属和金属制品，以及机械和设备行业的部分产品，如电子和医学设备。

严先溥（2018）指出，通过增加消费品进口，能够促进国内产品质量和档次提升，提高生活水平，增加福利，进而改变居民的消费选择和行为，对提高消费水平产生促进作用。这是由于消费不单单是由收入来决定的，如果消费者偏好发生改变，其消费选择行为必然会发生改变。消费品进口恰恰增加了消费者选择的消费品种类，因而会改变消费者的选择行为，有效促进消费升级。同时，通过进口新产品或质量性能较高的消费品，能够带动和刺激国内企业对新消费品的跟进和生产，刺激厂商更加重视生产质量，提升标准，使进口消费品的过程成为替代生产的前奏。

总的来说，国内外学者对于进口对进口国的影响已经进行了不少理论和实证研究，也形成了一些重要的具有启发性的结论。但是目前更多研究集中在中间品进口的影响，对于最终消费品进口的影响研究还显得不足，而且关于最终消费品的影响研究主要集中于对于消费者选择和福利的影响，对于产业发展的影响分析不够。尤其是现有研究中对于全球化的外部环境、中国国情特殊性的考虑不够。我们认为，中国具备一些重要特征，使得当前扩大最终消费品进口对于中国产业发展可能产生与其他国家不同的影响。

本文从短期和长期两个维度，论述在全球化产品内分工背景下，考虑到中国独一无二的国情，最终消费品进口壁垒的下降对中国品牌与中国制造可能产生的有利影响。本文对短期和长期的区分标准是生产要素是否跨国界流动，因此，最终消费品跨国界流动，而生产要素无法跨国流动的情况叫作短期；而最终消费品和生产要素都可以跨国界流动的情况叫作长期。

二、中国品牌短期可能承担压力，长期会加速成长

短期内，进口品牌壁垒的下降可能使一些国内品牌的相对形象下降，对其销售和销量可能产生负面影响，但是这一影响也可能很有限，因为近年来跨境电商进口的迅速发展已经在事实上降低了国外品牌的进口壁垒，已经在一定程度上为国内品牌带来了国际竞争。

中国国际商会、德勤中国研究中心、阿里研究院发布的《进口普惠驱动消费升级：中国进口消费市场研究报告2019》显示，至2019年，仅天猫国际就已将78个国家4300个品类近2.2万个海外

品牌引进中国市场，其中八成以上是首次入华。① 通过电商平台购买海外商品，进行跨境消费，早已经成为对某类海外商品有独特需求的80后、90后年轻人的习惯。根据艾瑞发布的《2018年中国跨境进口零售电商行业发展研究报告》，2017年中国跨境进口零售电商市场的规模约为1113.4亿元，增长率为49.6%，预计2021年将突破3000亿元。《中国经济周刊》显示，跨境电商零售进口渗透率（指通过跨境电商购买进口商品的人数占网购消费者人数的比例）从2014年的1.6%增长到2017年的10.2%，这意味着每10名网购者中就有1名通过跨境电商购买过进口商品，跨境电商行业正处于稳步增长阶段。跨境电商进口已经促使国内一些产品降价，比如有关统计表明2011—2018年，中外奢侈品平均价格差从68%下降到了16%。

长期看，如果进口壁垒下降促进国外品牌产品的中国销量在全球占比提升，且中国市场处于竞争性结构，国外品牌将可能把设计、研发和营销等增值环节更多转移到中国，以适应品牌"本土化"需求。如近年苹果手机愈加重视中国消费者偏好，在中国共设立四家研发中心，并在2018年"第一次为一个国家改变"，为中国消费者加入"双卡双待"功能。

表3-1和表3-2列举了更多国外企业在中国的研发中心的设立情况和国外品牌中国化的情况。

---

① 这组数据出现在报告第25页。

表3-1 国外品牌企业在华设立研发中心案例

名称	研发中心成立时间	地点	其他情况说明
辉瑞（中国）研发中心	2005年10月31日	上海 武汉 北京	促进本土的研发能力、体系、技术专利和文化的提升，协同国内业界在中国创建一个世界级水平的生物制药研发生态环境
现代汽车研发中心（中国）有限公司	2013年2月	烟台	现代集团在海外设立的最大且唯一一个面向全球新能源汽车的研发中心
梅德赛斯—奔驰	2014年11月	北京	研发涵盖较多业务
雅培（中国）研发中心	2016年9月28日	上海	提升雅培（中国）在营养及诊断领域的科研和创新能力，更好满足中国民众不同生命阶段的健康需求
戴马斯（中国）研发中心	2017年6月15日	上海	加快对中国客户需求的反馈速度、提高本地化配合力度和研发出更迎合中国市场需求的新产品
宝马（中国）研发中心	2018年5月15日	北京	深刻落实"在中国、为中国"本土化研发战略，建立体系化研发网络

资料来源：作者根据媒体报道整理

表3–2 国外品牌中国化情况

公司名称	品牌中国化情况说明
星巴克	推出具有中国本地文化特色的产品,如在中秋节售卖月饼,推出含有中国元素的随行杯、马克杯和生肖储蓄罐等
梅赛德斯—奔驰	中国客户习惯使用后排接送他人,奔驰便为中国市场量身打造了长轴距车型,同时还为后排加入了诸多舒适性功能
三星	针对中国消费者对于拍照的需求,三星首次应用前后2400万像素摄像头的设计;开发了中文版人工智能助手
Kindle	亚马逊Kindle在中国不断推出本地化创新,如Word Wise生词提示功能;微博、微信分享,微信支付等
福特	超过10%的中国司机都会抱怨新车气味难闻这个问题,为了迎合中国消费者的需求,福特研发并提交了一项可以自动去除车中的气味的专利
Adobe	Adobe与重庆重橙网络科技有限公司合作,推出新产品——专门针对中国用户的Flash Player软件,切合国人使用习惯
富邑葡萄酒集团	开发新产品——奔富首款白酒+葡萄酒的特瓶系列,包装上特意凸显了中国传统元素"竹"的意蕴
凯迪拉克	凯迪拉克CEO认为,中国年轻消费群体将日渐成为主导,他们更喜欢自己开车,因此适当缩短中国凯迪拉克车型轴距,以满足中国消费者的需求

资料来源:作者根据媒体报道整理

同时，国内品牌有可能加快开拓国际市场，比如面临苹果、华为等国内外品牌竞争，小米手机已经在全球 80 个国家和地区销售，在 25 个市场销量进入前五名。更重要的，进口品牌竞争加上国内消费升级，很可能促使"国产优势品牌"与强大的中国制造能力结合，迅速提升质量水平。中国并不缺高质量产品的制造能力，很多进口品牌产品也是中国制造的。一旦高质量产品需求在国内形成规模，国内高质量品牌产品的供给就会迅速出现。进口品牌竞争有助于加速这一过程实现。比如面对"海淘"频繁现象，格力电器迅速开始生产电饭煲，并指出"中国人不用到国外买电饭煲"[①]。

上述现象从我国手机品牌的发展历程上可以很好地观察到。具体而言，从 20 世纪 90 年代，中国手机品牌面临诺基亚、爱立信和摩托罗拉等国外品牌的竞争，显示出了强大的竞争力。如表 3-3 所示，在 1999 年到 2005 年短短的 6 年当中，国产手机品牌在国内的市场份额从 3% 迅速提升为 40.6%，在 2003 年更是一度超越了 50%。虽然接下来的两年内出现了一定程度的下降，但从总体的趋势来看，国产手机在国内市场的绝对销量是有质的上升的。与现在不同的是，当时中国国内市场规模占全球比重还比较低，因此国内市场培育出来的国产品牌并没有产生国际影响力。

---

① 新浪科技. 格力电器董事长在 2019 年中国智能制造全产业链应用大会上说道，当看到国内消费者到国外买饭煲的时候，格力下定决心做出世界最好的饭煲。为此格力用了 4 吨米来进行饭煲研究。新浪科技. 董明珠：格力用 4 吨米研究饭煲，消费者将不用到国外买 [EB/OL]. 新浪科技，2019-01-18.

表 3-3 国产手机销量在国内市场的份额占比

年份	1999	2000	2001	2002	2003	2004	2005
份额	3%	9%	12%	30%	60%	44.5%	40.6%

资料来源：信息产业部历年统计信息

自从 2007 年智能手机开始逐渐成为主流之后，中国国产手机品牌同样显示出巨大的竞争能力并在国内占据主导地位。据国际数据公司（IDC）统计，截至 2018 年年末，国产智能手机品牌在国内市场的份额已增长到仅华为、OPPO、VIVO、小米四家公司就占据 78.4% 的份额[1]。不仅如此，现在中国国内市场巨大，产生"本地市场效应"[2]，使得国产手机品牌不仅在与国际品牌竞争中占据了国内市场主要份额，更是走向国际市场，在全球范围内占据巨大市场份额并享有较高知名度（表 3-4）。2018 年全球智能手机市场份额排名前五的品牌分别为三星、苹果、华为、小米和 OPPO，其中三家中国产智能手机品牌合计占据 31.5% 的全球市场份额（表 3-5）。国产品牌手机在服务于中国庞大的消费者群体过程中逐渐培育出品牌优势并"外溢"到世界其他市场，这说明中国国内大市场已经开始支撑品牌培育这种"规模经济效应"明显的活动在中国形成"本地市场效应"，并支撑中国对外贸易逐渐具备像《国民经济十三五规

---

[1] IDC. 温故而知新盘点 2018 年国内智能手机市场 [EB/OL]. IDC，2019-02-11.
[2] 本地市场效应理论指当产品存在异质性、规模报酬递增和运输成本时，产业就趋于集中在较大市场，此时国内市场较大国家的生产份额超过消费份额，"较大的本地市场"成为出口的基础（赫尔普曼和克鲁格曼，2014）。

划》中讲到的"适应国际市场需求变化,加快转变外贸发展方式,优化贸易结构,发挥出口对增长的促进作用。加快培育以技术、标准、品牌、质量、服务为核心的对外经济新优势,推动高端装备出口,提高出口产品科技含量和附加值"等"对外贸易新优势"。

表3-4 2018年中国前五大智能手机厂商——出货量、市场份额、同比增幅

厂商	2018出货量（单位：百万台）	2018年市场份额	2017年出货量（单位：百万台）	2017年市场份额	同比增幅
华为	105.0	26.4%	90.9	20.4%	15.5%
OPPO	78.9	19.8%	80.5	18.1%	-2.0%
VIVO	76.0	19.1%	68.6	15.4%	10.8%
小米	52.0	13.1%	55.1	12.4%	-5.6%
苹果	36.3	9.1%	41.1	9.3%	-11.7%
其他	49.5	12.5%	108.1	24.4%	-54.2%
合计	397.7	100.0%	444.3	100.0%	-10.5%

来源：IDC中国季度手机市场跟踪报告,2018年第四季度

注：数据均为四舍五入后取值

表3-5 2018年世界前五大智能手机厂商——出货量、市场份额、同比增幅

厂商	2018出货量（单位：百万台）	2018年市场份额	2017年出货量（单位：百万台）	2017年市场份额	同比增幅
三星	292.3	20.8%	317.7	21.7%	-8.0%
苹果	208.8	14.9%	215.8	14.7%	-3.2%
华为	206	14.7%	154.2	10.5%	33.6%

续表

厂商	2018 出货量（单位：百万台）	2018年市场份额	2017年出货量（单位：百万台）	2017年市场份额	同比增幅
小米	122.6	8.7%	92.7	6.3%	32.2%
OPPO	113.1	8.1%	111.7	7.6%	1.3%
其他	462	32.8%	573.4	39.2%	-19.4%
合计	1404.8	100.0%	1465.5	100.0%	-4.1%

来源：IDC Quarterly Mobile Phone Tracker, January 30, 2019

从更长期看，也有较大可能出现国内品牌在竞争中优势日渐明显，而将国外品牌在华经营部分收购的现象。这在中国的食品和餐饮行业案例不少。比如肯德基和必胜客中国餐厅都被阿里集团收购，麦当劳中国餐厅被中信集团收购等。总之，只要中国国内经济保持健康发展，对于品牌培育这种"规模经济效应"明显的经济活动，中国就具备"本地市场优势"。

三、扩大进口为中国制造业带来更大"引力"

（一）进口壁垒下降对中国制造的短期影响仍需细致研究

我们在天猫国际网站进行随机抽样，发现海外代购品牌产品有两类，一是产地为国外；二是产地为中国，即中国制造的国外品牌产品。短期看，假设这些产品的需求价格弹性大于一，那进口壁垒下降对于中国制造的影响，就取决于两类产品进口量对比。如果第一类数量更大，则对中国制造有冲击；如果第二类数量更大，则反而会增加中国制造的订单。

（二）进口壁垒下降长期可以强化中国制造业的竞争优势，增强中国制造业的"引力"

消费品进口壁垒下降，可以降低贸易成本，所以会进一步扩大中国国内市场规模，这有助于强化中国的大市场优势，支撑起中国制造业强大的竞争力。

理论上，假设存在外部规模经济效应，封闭条件下分别存在于大国和小国的产业中心，在贸易自由化情况下，大国产业中心会对小国产业中心产生"引力"。根据这一理论，进口壁垒下降带来的贸易自由化，很可能有利于中国凭借并不过分高昂的劳动力成本、强大产业配套能力支撑下的外部规模经济效应、国内巨大的市场规模，对其他国家的制造业中心产生引力。从这个角度讲，中国进口壁垒下降在长期有利于中国制造进一步挖掘优势。举例来说，目前有多款国外品牌的汽车在中国生产产品之后又返销出口到其品牌母国及其他国家。比如2016年1月，凯迪拉克宣布将从中国进口新的CT6旗舰轿车插电混合动力版，作为对其底特律—哈姆特拉姆克工厂生产的标准版的补充；美国别克汽车为了填补其产品线中紧凑跨界车型的空白，也开始从中国进口昂科威（Envision）汽车，沃尔沃汽车旗下的S60 Inion车型也是中国制造并出口到美国的车型的例子。这几款汽车最初都是为了中国消费者设计并制造的，但是后来又出口到美国市场①。之所以会出现这种现象，正是因为中国汽车市场足够大，中国汽车制造的成本和质量情况足够满足出口的标准。国外品牌进口壁垒下降之后，将扩大中国市场对产品的需求，如果中国制造的各方面条件具备竞争力，长期看就有可能会带来产品在中国的"本土制造"，甚至最后再返销回品牌母国。这种现象可以由弗农用于解释国际直接投资现象的产品生命周期理论②解释。总之，无论是外部规模经济效应条件下的国际贸易理论，还是国际投资领域的产品生命周期理论，都可以说明，以中国当下的各种条件，进口最终消费品壁垒的下降有助于进一步挖掘中国制造的优势。

四、中国"世界工厂"地位短期内难以被完全取代

（一）产业国际转移的潜在巨大收益促使中国成为当之无愧的"世界工厂"

20世纪80年代后，制造业全球化使得制造业逐渐转移到中国这样的发展中国家，到了2010年，中国首次成为世界上最大的制造业国家。发生转移的原因主要有两方面，首先是制造业跨国转移过程中的成本不断下降，这有赖于运输过程的优化、相关政策的放开以及信息技术的进步；更重要的是制造业转移到中国具备巨大的潜在收益。1980年，中国人均国内生产总值为194.8美元，只占世界平

---

① 土土．"中国制造"终于敲开了美国汽车市场大门［J］．人民交通，2016（3）．
② 托马斯·普格尔．国际经济学（英文影印版）第11版［M］．北京：经济科学出版社，2001．

均水平的 7.69%；同时中国 15~64 岁人口为 5.85 亿，占全世界劳动力总量接近四分之一[1]。这种情况使得制造业转移到中国有着极大的降低成本的潜力；事实证明，中国在后来 30 多年中为全世界提供了一个低成本劳动力近乎"无限供给"的"世界工厂"；此外，中国工人致富意愿强烈[2]，吃苦耐劳的优秀工作品质在世界范围内也享誉盛名[3]。所以日后中国成为"世界工厂"当之无愧。

（二）中国的"世界工厂"地位短期难以被取代

有人认为当前中国"世界工厂"地位会被成本更低的经济体所代替，作者认为这在短期很难实现。当前的中国有制造业全产业链和国内巨大的市场规模，这有利于将制造业保留在国内。除此之外，还有如下两个重要原因使得制造业短期内很难完全离开中国：

首先，短期内很难找到能够承接中国制造的经济体，因为中国制造业就业规模非常巨大。根据林毅夫教授的研究，20 世纪 60 年代日本和"亚洲四小龙"的制造业分别雇用 970 万人和 530 万人，而目前中国仅轻加工业就雇用了 8500 万人。这种巨大的转移规模如果

---

[1] 数据来源：作者根据世界银行《世界发展指标》WDI 数据库数据计算。
[2] 有关华人的致富意愿，有如下记载：马来西亚是一个拥有丰富锡矿资源的国家，开发这些锡矿可以有较为确定的高额利润，然而当时同居于马来西亚的马来西亚人和中国人，前者不愿深入丛林开矿，中国人却冒着患疟疾死亡的风险掌握了锡矿开采业，并用积累的资金掌管了这个国家的商业。江小涓．为什么能够起飞 [M]．北京：中国建材出版社，1995；44.
[3] 搜狐新闻．2009 年 12 月，"中国工人"作为一个群体入选美国《时代》年度人物，排在亚军位置。《时代》评价称，当年中国经济在世界主要经济体中保持最快的发展速度，并带领世界走向经济复苏，这些功劳首先要归功于中国千千万万勤劳坚忍的普通工人。

遇到劳动力数量较小的低成本国家或经济体，其劳动力成本就会迅速提升到和中国差不多的水平。例如越南的工资在短短几年内已提升到中国的2/3，预计到2020年前后，越南将出现全国性劳动力短缺。有专家认为唯有非洲能承接中国劳动密集型加工业的转移，并在10~15年之内保持工资不上涨，但是非洲由50多个国家和地区组成，且基础设施、物流成本以及其他营商环境都有待改善。

其次，人工智能和机器人工业发展迅速，机器替代人的可能性在提升，这使得中国还有一定空间可以通过机器替代人力来将制造业留在国内。根据国际机器人协会数据，中国制造业每万名员工对应机器人数量从2013年的25台迅速增加到2016年的68台，但仍具极大增长潜力；在使用密度最高的韩国，万名员工对应631台机器人，是中国的9.28倍；中国目前仍未进入世界前20名，但据预测将在2020年进入前10。因此在相当程度上，中国制造业仍可以通过机器替代劳动力来降低成本。另外，有最新研究表明，与20世纪80年代相比，当今低成本劳动力在国际贸易中的重要性已经大大下降。2017—2018年，只有18%的商品贸易是来自劳动力成本优势。劳动密集型制造业的贸易占全球贸易的份额更是从2005年的55%锐减到2017年的43%，且呈现不断下滑趋势。这也意味着，随着人工智能和自动化水平的不断发展进步，早期中国世界工厂模式发展的模式已不再具有可行性，"在一条生产线上，你根本不需要那么多人"[①]。

---

① 麦肯锡报告：全球化趋势的五大改变 [EB/OL]. 搜狐，2019-03-14.

这也是未来全球化贸易的转变方向，即从劳动密集型制造业转向资本密集型制造业，资本也将流入对智能生产线的投资中。

事实上，到目前为止，中国的制造业规模不仅仅是世界第一，而且仍然保持较快增长，图3-1是世界工业发展组织《世界制造报告》2017年第3季度至2018年第4季度中的世界各地制造业产出增速，可见虽然中国增速有所下降，但是仍然是全球增长最快的地方，增速是世界平均水平的2倍多。这说明中国制造业产出规模占全球比重仍在上升。①

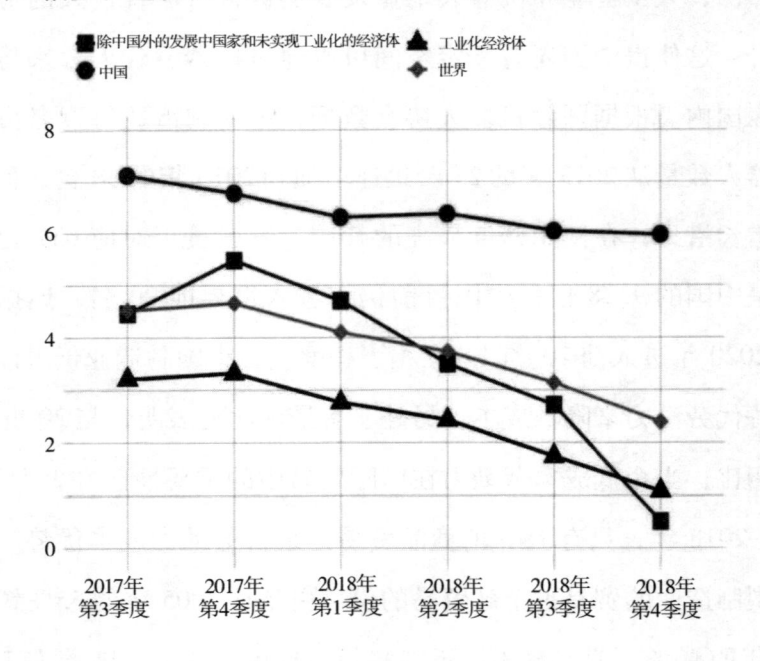

图 3-1 世界制造业产出同比增长率

数据来源：联合国工业发展组织，《世界制造业报告（2018年第4季度）》，UNIDO 网站。

---

① 来源于 UNIDO 官网，"World Manufacturing Production Statistics for Quarter IV, 2018"。

五、中国独一无二的国情决定独一无二的优势

本文上面部分分析表明,从长期来看,最终消费品进口壁垒下降,对于中国无论作为品牌培育地还是制造基地,都可能产生有利的影响。之所以如此,是因为中国具备"人均中等、总量第二"这样一个全球独一无二的特殊国情。

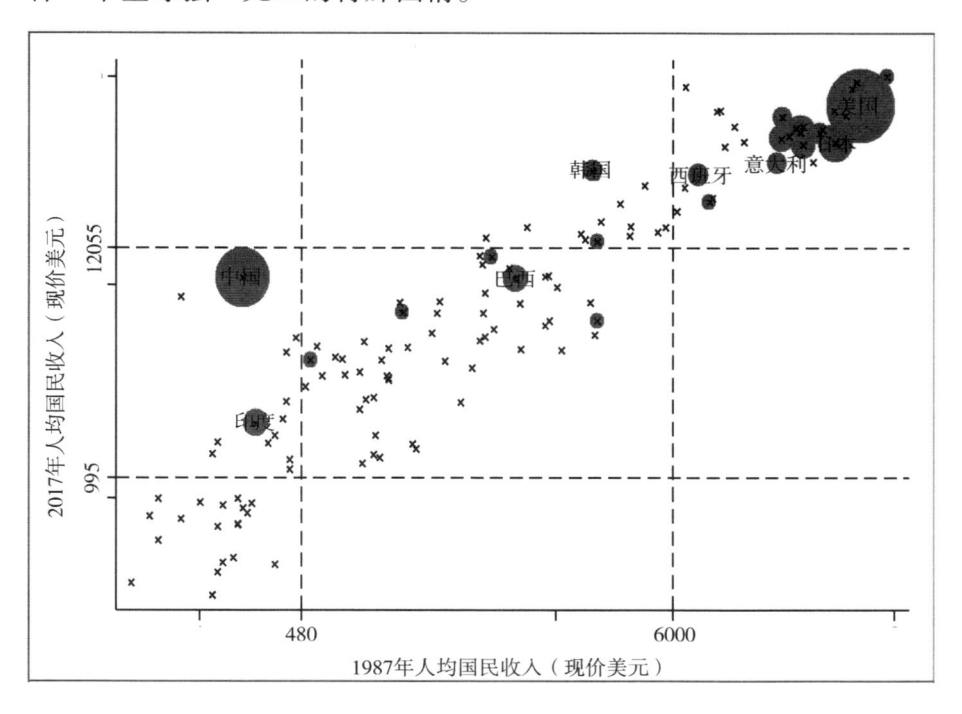

图 3-2 世界各国 1987 年和 2017 年的人均国民收入
以及 2017 年的国内生产总值情况

数据来源:世界银行 WDI 数据库

我们用图 3-2 来描述中国这种独一无二的国情。图 3-2 横纵

坐标分别代表1987年和2017年各国人均国民收入，同时我们选取一些典型国家，在图3-2中用灰色圆点表示，其面积的大小代表2017年此经济体的经济总量占全球的比重。

观察可知，1987年到2017年间中国由低收入经济体迅速发展为中等收入经济体，而且正在向高收入经济体迈进。不仅如此，中国在中等收入水平下就成为世界最大经济体之一，这是中国"独一无二"的国情，是由中国作为人口第一大国的特征所决定的，这种国情使中国具备独特优势。

"人均中等"意味着中国还有较大的产业升级潜力，图3-2中整个"高收入"区间还蕴藏着不少中国可以具备"后发优势"，通过引进、消化、吸收再创新的方式快速增长的领域，这是图中所有高收入发达国家不具备的优势。中国目前仍然具备后发优势的领域，很大一部分就是包括品牌培育在内的生产性服务业，因此从这个角度看，未来品牌培育领域的活动在中国会迎来快速的增长。最终消费品进口壁垒的下降会成为这种快速增长的组成部分。

同时，中国又具备巨大的经济总量，这又可以对全世界优势资源产生"引力"，这又是发展中国家不具备的优势。如图3-2所示，与中国处于类似发展阶段的所有"中等收入"经济体，经济总量都很难与中国相比，所以也很难对全球优势资源形成吸引力。这种巨大的经济体量所形成的国内市场，它的意义不仅仅存在于需求侧，更在于供给侧。一个巨大的国内市场规模有利于"全方位对外开放"的背景下将全球最优质的资源吸引过来，在满足中国人民日益增长的美好生活需求的同时，促进中国产业结构升级。中国巨大的国内市场有利于帮助一些"规模经济效应"明显的生产性服务产业在中国形成本地市场效应，促进中国生产性服务业利用全球资源来提升竞争力，从而进一步与中国的制造业相融合，提升制造业质量。这其中既包括中国品牌的形成，也包括通过强大的国内市场配以巨大的制造业规模所形成的外部规模经济效应，将制造业在相当长的时间内保留在中国国内。

中国所具备的这独一无二的优势，使得中国正如著名经济学家张五常所言，站在一个相当舒适的位置。

六、积极扩大进口，促进制造业转型升级

第一，继续降低制造业产业链成本，中国目前劳动力成本仍不到世界平均水平，但是制造业整体成本提高速度较快，应当认真分析原因并解决，尤其是在一些基础能源领域应该逐渐打破垄断，以进一步挖掘中国制造的成本优势。

第二，推进全面对外开放新格局，尤其是扩大生产性服务业开放，这是中国仍然可以通过发挥后发追赶优势的领域，也有利于国外品牌将研发、设计等增值环节转移到中国。

第三，应当抓住中国当下出现的新优势，尤其是应当帮助促进制造业与中国在互联网领域的国际优势相结合，实现中国制造品牌在国际市场上的"弯道超车"。中国当前具备庞大的国内市场，因此为中国消费者服务的中国品牌有机会通过服务于中国市场而形成竞

争力，并进而形成国际影响力。中国家电行业的一些案例已经表明了这一点。当下，中国互联网领域的优势为中国品牌加速这一过程提供了更为宝贵的机会。目前中国网民数量 8.02 亿，互联网普及率 57.7%，人均周上网时长 27.7 小时[①]。中国品牌有机会利用互联网趋势而弯道超车，迅速形成国际竞争力。由于品牌培育需要巨大的规模经济效应，所以对于竞争格局已经比较固定的产业领域而言，实现"直道超车"是非常困难的，所谓"弯道超车"其实就是放弃同质化竞争，寻找独特优势形成差异化竞争，对于中国制造业品牌来说，互联网是重要的机遇。

第四，提高产品质量标准。近年来中国消费者海外购热潮的原因可以理解为，"产品质量标准"逐渐成为一个可以单独存在的产业链环节。一些国外产品虽为中国制造，在中国销售价格也不比国外贵，却仍有消费者愿意"舍近求远"去国外购买。这是因为人们认为"国外销售"为其提供了质量信号。近年来互联网、跨境电商以及自由贸易区使得贸易成本在下降，人们可以用海外代购方式购买国外销售的产品，以更充分发挥这一质量信号的作用。换言之，贸易成本的下降使得"质量标准"也面临着全球竞争，当一国国内产品质量标准无法满足消费者需求时，消费者就可以想办法绕过国内产品质量标准而采用他国质量标准。考虑到中国目前已经形成了对于高质高价产品的较大需求，并且在很多领域已经形成了高质量产

---

① 数据来自 CNNIC 报告。

品的制造能力。所以，如果说以往较低的产品质量标准是为了给国内产业成长提供机会，那现在就会成为阻挡中国消费升级和产业升级的障碍。总之，无论从国际竞争和国内市场环境的要求看，提高国内产品质量标准都是当务之急。

应该说，上述几项措施在2019年政府工作报告中都有明确体现。比如"实施更大规模的减税"，"将制造业等行业现行16%的税率降至13%"，还要"明显降低企业社保缴费负担"，"深化电力、油气、铁路等领域改革，自然垄断行业要根据不同行业特点实行网运分开，将竞争性业务全面推向市场"，这些都是降低制造业成本的重大利好措施。今年政府工作报告指出要"推动全方位对外开放""进一步拓展开放领域、优化开放布局"；还首次提出要"强化质量基础支撑，推动标准与国际先进水平对接，提升产品和服务品质，让更多国内外用户选择中国制造，中国服务"。这说明党和政府已经形成了明确的政策思路。相信这些措施的落实再加上扩大进口的措施，一定可以有效帮助中国制造业转型升级。

第四章

达沃斯开启第四次工业革命思考[①]

2019年达沃斯世界经济论坛年会的主题为"全球化4.0：打造第四次工业革命时代的全球架构"。在第四次工业革命时代，全球化既是不可逆转之趋势，又面临全新问题。

一、全球化不可逆转

全球化虽非一帆风顺，却不可阻挡，因为它既使生产要素配置范围由一国拓展至全球，又通过更为专业细致的分工协作，提高配置效率，导致多方共赢。全球化由无数微观个体理性行为推动，因此可以突破人为设置的诸多障碍。

以21世纪初出现并繁荣的电视节目模式的国际贸易为例：电视节目成品出口由于常被认为有文化入侵风险而受阻，节目制作商就把文化性较弱的节目制作流程总结出来，做成受知识产权保护的节目模式在全球进行贸易，电视节目全球化得以实现。再如，中美贸易摩擦导致两国间贸易不确定性增强，一些贸易商就将贸易行为提

---

① 本文发表于新加坡《联合早报》2019年1月22日第15版。

前到相关政策正式实施前，或通过转口贸易降低贸易摩擦的影响。总之，作为全球范围内的市场机制，对阻碍其进程的障碍，全球化总有应对之策。

当然，全球化带来经济增长效应的同时，伴随而来的收入分配效应也越发明显。有研究表明，虽然全球化使一些国家人均收入提高，但收入中位数提升非常缓慢，这可能是导致近年全球化遭受暂时性挫折的重要原因。收入分配问题包括两方面——一是国与国之间收入差距可能加大，二是国家内部收入差距加大。然而，各国之间需要达成共识的是，不能因为惧怕收入分配效应带来的影响而拒绝推进全球化，而应该在推进全球化的同时解决收入分配效应问题。发展程度相对较高的国家既要帮助更多国家融入全球化进程，也要给融入全球化的发展中国家提供足够的成长空间。政府也应制定适宜政策来缩小国内收入差距，并应对产业国际竞争带来的结构性失业。

虽然从国际贸易以及跨国投资规模来看，近年来全球化进程暂时受阻，但这可能只是此前全球化的收益遭到了透支。虽然多边贸易体制遭到了一定程度的挑战，但这并非因为产品和生产要素跨国界流动成本上升，而恰恰是在多边贸易谈判成本太高时的次优选择，各国主动推进全球化的愿望依然强烈。

二、全球化面临新问题

当第四次工业革命在全球掀起浪潮时，也为全球化带来了新的问题。技术创新和制度创新是推进经济增长的两种主要途径，第四次工业革命属于前者，全球化属于后者，两者是相互促进还是替代，抑或兼而有之？如何使两者发挥最大合力？

在第四次工业革命时代，机器人在制造业的大规模应用，给全球化提出了诸多问题和挑战。比如，曾经为发展中国家经济腾飞带来机遇的制造业跨国转移，在机器人大规模应用的情况下还会发生吗？会不会有所延迟？或者规模下降？不发达国家还能通过承接制造业国际转移来实现经济起飞吗？如果这种可能性下降，它们如何从全球化中受益？这对于发达国家的移民政策提出什么要求？对于业已形成制造业产业链配套优势的中国意味着什么？从这个意义上讲，机器人技术创新是否是对全球化的一种暂时性替代？

相反，如果3D打印技术能大规模实现，制造业生产方式会有何种变化？全球化过程中的规模经济与产品多样化之间的矛盾，会不会被3D打印技术缓解，从而降低文化冲击所带来的全球化阻力？再如，互联网和人工智能对服务全球化有何影响？互联网使服务可贸易性提升，国际服务外包成本下降。但是，人工智能又使一些服务由外包回到自我提供，比如家政机器人代替家政服务员。上述两种情况都导致服务效率提升和吸纳就业能力下降，"赢者通吃"加剧收入分配效应，这些情况要如何应对？

当今世界可能正在经历全球化重心的变化，以中国为代表的新兴经济体占全球经济比重在提高。中国经济总量已是全球第二，而人均收入却仍居中等,这使中国既具备需求升级的潜力又有一定的成本优势,而巨大的市场规模又对全球优势资源产生强大的吸引力。今后各国经济关联以及全球经济格局又会发生何种变化?希望本文可以给后续的研究带来启发。

全球化与贸易：中国优势与机遇 >>>

第五章

改革开放惠己惠人[①]

开始于1978年的中国改革开放是一场举世瞩目的经济变革，它不仅使一个人口占全球四分之一的大国发展成为世界第二大经济体，也为世界经济发展做出了巨大贡献。

一、改革提高资源配置效率

中国经济的改革将一个有5000年悠久历史的14亿人口大国从计划经济体制逐渐转轨成为一个"公有制为主体，多种所有制经济共同发展""市场在资源配置中起决定性作用，以及更好发挥政府作用"的中国特色社会主义市场经济体制。计划与市场两种资源配置方式在渐进式的改革试错过程中、在不断变化的内外部环境中调整着发挥作用的边界，在没有发生明显经济不稳定的情况下，中国生产要素配置效率极大提升，经济在40年内年均增长率为世界平均水平的3倍。40年来，中国农村贫困人口减少7.4亿、贫困发生率下降94.4个百分点，减贫人数占同期全球减贫人口总数的70%以上。

---

① 本文刊发于新加坡《联合早报》2018年11月28日。

中国的改革实践也为其他经济体摆脱贫穷提供了宝贵经验，也成为经济学界重点关注研究的议题。著名经济学家张五常认为中国的经济制度是"平生见过的最好的制度"，前世界银行首席经济学家林毅夫在中国改革实践的基础上总结提出"新结构经济学"理论，并开始在非洲等不发达地区推广实践。

二、开放推动全球分工走向深入

中国对外开放，为全世界提供了一个"低成本高效率的世界工厂"，降低了全球生产成本。发生在20世纪的全球制造业国际转移为后发国家经济发展带来机遇，但是中国的对外开放本身也是这个机遇的重要组成部分，甚至使该机遇的潜在收益大大提升。

中国的对外开放使全球产品和生产要素自由流动的范围得以扩大，全球分工与专业化因此深化，生产效率得到提升。分工与专业化是经济增长的最根本源泉之一；全球化使其范围从国内拓展到全球，而人口占全球四分之一的中国对外开放，使全球产品和生产要素自由流动的范围得到显著拓展，促进了全球制造业垂直分工体系的建立，提高了全球经济增长效率，也推动了发达经济体的产业结构升级。近年来中国服务业也融入全球分工体系，2017年中国离岸服务外包在全球份额超过30%，显著促进了全球服务的国际分工和专业化，使全世界可以享受到成本低廉的优质服务。

三、新时代从需求侧为全球经济做贡献

与改革开放初期相比,新时代的中国除了在供给侧继续做出重要贡献之外,也开始从需求侧对世界经济做出贡献。

中国目前是全球最大的奢侈品消费者来源国,奢侈品消费在全球占32%。中国文化市场的增长也为全球文化多元化回归带来新的可能性,中国电影票房占全球比重高达19%,不仅成为美国好莱坞大投资电影的重要票仓,还让很多非英语类电影在全球电影排行榜上的位次得以迅速提升,让全球电影市场更加多元化。中国连续多年成为世界第一大出境旅游客源国,目前也是全球第二大服务贸易进口国,为带动出口国当地消费、增加就业、促进经济增长做出重要贡献。随着中国经济由高速增长阶段过渡到高质量发展阶段,中国人民日益增长的美好生活需要会迸发出不竭动力,推动全球优质产品与服务业不断发展壮大。

第六章

推动形成全面开放新格局：必然选择与战略方向[①]

党的十九大报告提出要"推动形成全面开放新格局"，强调"中国开放的大门不会关闭，只会越开越大"，要"发展更高层次的开放型经济"。这是以习近平同志为核心的党中央适应经济全球化新趋势、准确判断国际形势新变化、深刻把握国内改革发展新要求做出的重大战略部署。

一、全球化的内在动力机制无根本变化，且在新技术、新趋势下强化

开始于 20 世纪 80 年代的大规模经济全球化是有其内在的动力机制的，这个机制就是全球化的成本下降，收益能够更充分地实现，导致参与全球化的各个国家和经济体实现多赢。近四十年来，这种动力没有发生根本性变化，反而在增强。以传统上被认为"可贸易性弱""全球化程度低"的服务业为例。全球化导致参与方"多赢"

[①] 本文的精简版发表于《国家治理》杂志第 195 期，2018 年 7 月 21 日出版，后被《新华文摘》（数字版）2019 年第 19 期全文转载。原标题为《推动形成全面开放新格局的必然选择与战略方向》。

的内在的动力机制很强，使得服务业全球化的趋势越来越明显（江小涓，2008；罗立彬和郭芮，2018）。除了多边和双边自由贸易谈判降低了法律壁垒之外，有很多新出现的力量也在不断地推动这一进程，让人们体会到全球化内在动力机制的强大。比如文化贸易领域。文化产业一直被认为具备"社会属性"和"经济属性"双属性，其全球化进程也常常受到各种阻碍，多数国家都设置一定的文化产业壁垒来保护本土文化。但是即便如此，知识产权保护领域的一些创新使文化产业巧妙地绕过这些壁垒，在保证各种文化独立性的同时推进全球化进程。比如21世纪初开始出现并不断发展繁荣的电视节目模式的国际贸易，就是在国际知识产权保护创新的推动下出现的。由于电视节目成品的出口常常被认为有"文化入侵"的风险而受到阻碍，电视节目制作商就把节目中文化性比较弱的"节目制作流程"或者"节目模式"总结出来，并做成受到知识产权保护的产品在全球进行贸易。这样一种行为，对全球范围内电视节目制作的分工与专业化、规模经济、文化多样性乃至产业格局都产生非常重要的影响（罗立彬，2016）。作者认为，电视节目模式国际贸易的出现能够比较充分地体现全球化内在动力机制的强大。分工的不断深化是推动现代经济增长的最根本原因（亚当·斯密，2003；杨小凯，1998；宣晓伟，2017），而全球化将分工和专业化的范围从国家拓展到全球，从而带来经济增长，这种动力机制会突破各种障碍而不以人的意志为转移。再如因特网和通信技术的突破性进步和广泛普及，极大地降低了服务贸易所需的沟通成本，使服务业所需要的生产要素高度互联互通甚至重新组合,产生了大量的贸易行为。当这种贸易行为跨越国界,就成为国际服务贸易。比如正是互联网和通信技术的发展使得服务贸易成本降低,并低于发达国家和发展中国家间服务价格的差异,才促使离岸服务外包迅速增长并成为服务贸易当中越来越重要的组成部分。据中国商务部 2018 年发布的数据显示,2017 年中国离岸服务外包执行金额达到 5369.8 亿元,同比增长 14.7%,占新兴服务出口的 73.3%,对服务出口增长贡献率达 46%①。再举一个比较极端的例子,舞台艺术是可贸易性最差、效率提升最慢的服务产品,是经常被引用为"鲍莫尔病"②的典型案例,但是产业从业者并没有放弃通过贸易和全球化来提升效率。比如 2009 年 6 月开始,英国国家话剧院开发出了 NTLive 产品,借鉴体育比赛直播的形式,将其话剧作品通过电视现场直播的方式向全国甚至全世界播出,截至目前,他们已经出品 40 余部 NTLive 剧目,在全球 45 个国家 2000 多个场地录制和放映过 NTLive 作品,累计观众超过 550 万人。2015 年 NTLive 首次进入中国,在中国 20 余座城市 39 家剧院放映。

二、中国独特国情决定了全面开放符合中国根本利益

中国具备全球独一无二的国情,通过高水平、全方位对外开放

---

① 2017 年我国服务外包产业成拉动服务出口增长新引擎 [EB/OL]. 经济日报 – 中国经济网,2018 – 02 – 05.
② "鲍莫尔病"是美国经济学家威廉·鲍莫尔(William Baumol)在 1967 年的一篇论文中提出来的。

并实质性推进全球化进程，符合中国根本利益，并会使全球受益。当前中国具备"人均中等，总量第二"的独特国情，中国是唯一一个在人均收入中等水平的阶段，就成为全球第二大经济体的国家，这是由中国作为第一人口大国的"独一无二"的特殊国情所决定的。"人均中等"意味着中国仍然具备巨大的产业升级的空间，有潜力通过"引进"、利用"后发优势"来发挥"追赶效应"，实现经济快速增长，这是高收入的发达国家不具备的优势；而"总量第二"则意味着中国对全球最优质的资源具备巨大的吸引力，这是其他中等收入的发展中国家不具备的优势。"人均中等，总量第二"的独一无二的基本国情，使得中国是全球范围内最具备"以我为主，兼收并蓄"的经济体，通过开放，吸引全球最优质的资源来实现经济快速健康增长。尤其是近年来，中国内需稳步扩大，消费对经济增长贡献率达到58.8%；常住人口城镇化率达到58.52%，比五年前提高了近6%；中国已经具备了全世界规模最大的中等收入群体，形成巨大的国内市场。如果说改革开放之初中国的最大优势之一，是很难进行国际流动的低成本劳动力群体，那么新时代中国最大的优势就是巨大的市场规模。它有助于中国对于规模经济效应明显的产业产生本地市场效应，并将全球优质的资源吸引过来。汇丰集团2015年年底发布的调查结果显示，中国内地在2015年成为亚太区最具吸引力的移居地。接受调查的在中国内地工作的外籍人才中有68%表示，来华工作获得了比原居住地更高的可支配收入，排在中国内地之后的是中国香港地区，再之后是新加坡、印度、澳大利亚与新西兰。外籍人才在华最喜欢从事的工作为教育行业（25%），其次为市场营销（12%）和制造业（11%）。全球流动人才在亚太区获得的薪酬收入最高，平均年收入达到12.65万美元。

全方位、高水平对外开放，短期内不一定导致中国产业空心化，反而会集聚全球优势资源。开始于20世纪80年代的制造业全球化使得制造业在几十年当中逐渐转移到中国，2010年中国第一次成为全球最大的制造业国家。之所以产生这样的转移，一方面是因为全球化过程中，制造业跨国转移的运输成本、政策成本、信息成本都在下降；另一个非常重要的方面，也是因为制造业转移所蕴含的巨大的潜在收益。不仅如此，中国人民致富意愿强烈、勤劳肯干的工作品质在全世界也是负有盛名。从这个角度讲，中国后来成为"世界工厂"，可以说是当之无愧。

"人均中等，总量第二"的独特国情，使中国在供给和需求两个方面都具备优势，特别有利于吸引全球优势资源来为中国经济发展服务，而要实现这一点，就需要构建全面开放新格局。

三、新形势下构建全面开放新格局的战略方向

全面开放新格局，要适应中国特色社会主义建设进入新时代社会主要矛盾的变化，以促进经济高质量发展为目标。从供给侧方面看，全面开放新格局，就是要以提升全要素生产率为主要目标，以促进产业结构升级为主要途径。国务院副总理刘鹤在2018年达沃斯论坛讲话中指出，当前经济从高速增长阶段向高质量发展转变的背

景，将为诸多新产业发展创造巨大的空间，比如与消费升级相关的制造业和服务业，与新型城市化相关的节能建筑、智能交通、新能源等诸多绿色低碳产业等①。著名经济学家、国务院发展研究中心原副主任刘世锦将中国未来产业升级归纳为旧新产业、新老经济领域和全新产业三个层面，其中第二个层面新老经济领域，对中国来讲仍然是全新的，并指出主要是生产性服务业②。这种产业升级的过程，依然有很大空间来吸收发达国家已有的经验，实现快速发展。从需求侧角度看，全方位、高水平对外开放，就是要创造一个开放的竞争环境，以我国国内巨大的内需为基础，吸引全球最优质的资源为满足我国人民日益增长的美好生活需要而公平竞争。随着新时代社会主要矛盾的变化，经济由高速增长向高质量发展阶段过渡；随着人均收入水平的提高，人们的需求重点也从"产品可获得性"向"品质、多样性、精神愉悦"过渡。应该通过全方位、高水平对外开放，使全球范围内能够满足人民此类需求的高质量产品供给者都可以在公平的环境下竞争。

全面开放新格局，要以服务于建设创新型国家为目标，以顺利推进我国经济发展的动力变革。新时代我国经济发展动能由传统要素驱动向创新驱动转变，也需要通过全方位高水平开放来实现。应该在涉及知识产权的领域扩大开放，通过知识产权的引进来强化知

---

① 刘鹤达沃斯首秀：未来推动经济高质量发展仍然要靠改革开放［EB/OL］. 新浪财经，2018 – 03 – 06.
② 刘世锦. 中国经济还有至少十年中速增长潜力［EB/OL］. 新浪财经，2018 – 03 – 06.

识产权保护意识以及知识产权形成的经验，推进对于知识产权保护的切身需求，并进而推动国内知识产权保护环境的改善。无论是国内还是国外，对于知识产权的保护往往是在对知识产权保护的争议中逐渐完善起来的。举个例子，作者所关注的电视节目模式知识产权保护制度的形成与完善，其实就是在电视节目模式国际交易当中逐渐形成与完善的。节目模式的购买者由于支付了成本，对于引进版权的保护，就成为其内在的一种需求，而且事实证明，最先引进节目模式版权的往往也是最早做出模式原创并出口到其他国家的（罗立彬，2016）。总之，通过知识产权的国际交易，有助于完善国内知识产权保护环境。而这对于创新要素在国内实现流动，并推动中国经济发展的创新动力转换至关重要。

全面开放新格局，要以"一带一路"为重点，坚持"引进来"和"走出去"并重。作者认为，通过对外开放来推进经济高质量发展，在机器人替代人力以提升国内生产效率的途径还无法大规模实现的情况下，将低端、低附加值的产业转移到成本更低的国家或地区，也是非常必要的途径，它可以倒逼国内企业提高效率，推进产业结构升级。比如率先在非洲埃塞俄比亚开设制鞋厂的中国华坚集团的负责人讲道，中国制鞋业向埃塞俄比亚转移，倒逼中国的粗放型制造企业转型升级，"否则就没有活路"[①]。然而，目前为中国低端的劳动密集型产业找到一个产能转移的目的地，不一定是很容易

---

① 埃塞俄比亚的中国制鞋厂：人工成本仅为国内1/6 [EB/OL]．东方财富网，2018 - 07 - 22．

的事情。从这个意义上讲，政府以"一带一路"为重点，进行产能国际合作，对于改善中国企业对外投资的积极性，有非常重要的意义。

最后强调一点，当前中美之间的贸易战不会影响到中国推动形成全面开放新格局。首先，全球化深入今天这样一个程度，各国经济早已经是"你中有我，我中有你"，如果说全球化的结果是"多赢"，那么贸易战或者其他形式的逆全球化的结果必定是"多输"，因此不具备可持续性（金碚，2018）。贸易战涉及的金额越大，可持续性就越弱。余淼杰（2017）的研究表明贸易战会使得美国成为最大的输家。而美国对中国发动贸易战几个小时后，就宣布那些会被贸易战影响的从中国进口产品的美国企业，可以有90天的时间向美国政府申请有效期为1年的"关税豁免"①。这也从一个侧面表明贸易战对于美国至少一部分企业的利益是有损害的。其次，中国推动全面开放新格局，对于全球化以及全球经济都有益，也是中国经济实现高质量发展的内在需要，而不是在任何国家的影响下做出的决定。

全球化的趋势有其强大的内在动力机制，不以人的意志为转移，而中国在全球化当中具备得天独厚的优势条件。推动全面开放新格局，已经成为中国经济发展的既定方针。

---

① 贸易战开打后几小时，美国政府突然颁布了这么一个通知［EB/OL］. 新华网，2018－07－07.

第七章

中国加入世贸组织对世界经济的贡献[①]

2001年中国加入世界贸易组织，开始了继1978年之后的新一轮的改革开放。从此，这个当初劳动力总量占据世界四分之一、劳动力成本低至1000美元左右、经济总量排名世界第六的大国进一步融入经济全球化。全球商品、服务和生产要素自由流动范围得以拓展、全球分工和专业化更加深入、生产成本降低、效率提升，中国在自身受益的同时，对世界经济增长以及福利提升所发挥的作用也是其他许多国家难以比拟的。

一、全球第二大服务贸易进口国

据国际货币基金组织（IMF）服务贸易数据库统计，2001年到2017年，中国服务贸易进口从393亿美元增至4676亿美元，年均增长16.7%，远高于出口7.89%的增速，也远高于同期世界服务贸易

[①] 本文中文版首发于人民画报官网，题目为《坚定开放，大国担当》，后被刊载于新加坡《联合早报》2018年7月13日（题目调整为《中国加入世贸组织这17年》），俄文版刊载于俄罗斯政府机关报《俄罗斯报》2018年7月11日和哈萨克斯坦最大的俄文报纸《共青团真理报》2018年7月10日以及《人民画报》俄文版杂志《中国》2018年8月期，韩文版刊载于韩国《中央日报》2018年7月13日。

进口年均8.16%的增速。自2013年起，中国成为全球第二大服务贸易进口国，为带动出口国当地消费、增加就业、促进经济增长做出了重要贡献。近年来中国出境游客数量增长迅猛，连续多年保持世界第一大出境旅游客源国地位，对于当地经济拉动作用明显。随着中国经济继续增长，在相当一段时间内，中国服务贸易的逆差状况不会改变。

中国的服务贸易出口也在为世界做出重要贡献。近年来，离岸服务外包在中国服务贸易出口中的比重越来越高。中国商务部2018年发布的数据显示，2017年中国离岸服务外包执行金额达到5369.8亿元，同比增长14.7%，占新兴服务出口的73.3%，对服务出口增长贡献率达46%。目前中国离岸服务外包规模占全球市场份额已经超过30%，承接离岸服务外包促进了全球服务的国际分工和专业化，提高了全球服务提供效率，在促进自身经济增长的同时，降低了发达国家乃至全世界的服务成本，使全世界可以享受到成本低廉的优质服务。

据IMF统计，2001年到2017年，中国服务业利用外资额年均增长14.7%，占中国整体利用外资比重从23.9%提高到73%以上，而服务业增加值占国内生产总值总额比重只有50%，考虑到服务业的轻资产性质，这更加说明服务业中外资的重要性。

二、知识产权保护成效明显

在知识产权领域，中国对知识产权保护的进步，既体现在政府所采取的政策措施中、人们的日常生活体验里，也可以从统计数据中看出来。据 IMF 统计，2001 年到 2017 年，中国对外支付知识产权使用费年均增长 17%，而同期世界平均年增速为 7.85%；在与知识产权保护密切相关的个人、文化和休闲服务方面，2001 年到 2017 年，中国进口年均增长 28.44%，而同期世界平均水平仅为 7.97%。中国音乐唱片（含数字唱片）市场近年来突飞猛进地增长，据国际唱片业协会（IFPI）统计，2017 年同比增长 35.3%，市场规模全球排名在两年内从第 14 名进步到第 10 名。美国电影协会（MPAA）发布的《2017 年电影市场报告》显示，中国电影票房占世界的比重从 2004 年的 0.7% 增长到 2017 年的 19%。若没有知识产权保护的进步，这是很难想象的。

入世后，中国国内不断扩大的市场规模也对世界范围内的知识产权的形成和持续发展发挥重要的支撑作用。中国巨大的国内市场规模和消费能力支撑着国外众多品牌商品的设计和研发。比如目前中国大陆是苹果手机全球第一大市场，用户达到 2.43 亿；也是 App Store 收入最多的国家，达到 28 亿美元；再如电影产业，如果没有占据全球 19% 的中国电影大市场的支撑，美国好莱坞电影大投资的电影很难收回成本；中国目前也是全球最大的奢侈品消费者来源国，贝恩咨询公司联合意大利奢侈品协会发布的《全球奢侈品市场监控报告 2018 年春季版》中指出，中国奢侈品消费在全球占比从 2000 年的 1% 提升至 2017 年的 32%。随着中国经济进入高质量发展阶段，中国市场对于研发密集型和品牌影响力较强的产品的需求会进一步提升，中国市场对全球创新产品的研发以及品牌培育将发挥越来越重要的支撑作用。

中国利用外资活动也对世界范围内的知识产权以及研发活动发挥着支撑作用。技术的跨国转移很大部分是在跨国公司内部发生的，技术研发的回报很多时候无法体现为显性的市场定价，却可以通过跨国公司的利润体现。入世以来，中国利用外资规模不断扩大，其全球排名从2001年的第6名提升为2017年的第2名，并连续26年成为利用外资规模最大的发展中国家，这为全球技术的跨国转移并获得利润回报做出重大贡献。另一方面，近年来中国迅速增长的对外投资活动也支撑了不少发达国家企业的技术研发活动。

中国履行加入世贸承诺并不断扩大开放，体现了一个大国支持多边自由贸易体制的态度，也是国内经济社会发展的内在需要，客观上对全球经济增长以及福利改善带来巨大益处。当前中国经济已由高速增长转向进入高质量发展阶段，中国需要也欢迎全球最优质的产品和服务供给者为满足中国人民美好生活需要而进行公平竞争。十九大报告提出要"推动形成全面开放新格局"。《中国与世界贸易组织》白皮书中明确指出"中国将以更大力度、更高水平的对外开放促进全球共同发展，为各国分享中国红利创造更多机会"。2018年6月28日和30日，中国又分别公布了《外商投资准入特别管理措施（负面清单）(2018版)》和《自由贸易试验区外商投资准入特别管理措施（负面清单）》，对外资准入又进行了大幅度的放宽，再次表明了中国持续扩大开放的决心和维护世界自由贸易格局的大国担当。

第八章

将短期之危转为长期之机[①]

当前疫情状况正在改善，各地政府一方面采用多种措施减少企业短期损失、维持企业存活，另一方面也采取措施抓紧时间复工复产。等到疫情结束，只要恰当运用调控政策来调整预期，对宏观经济的影响就是可控的。

特别需要注意的是，疫情使得人与人的接触成本提高，使得很多依赖人员接触才能实现的经济活动受到很大影响，而为了缓解这种短期冲击，政府和企业都采取了各种措施，一些措施如果可以在疫情结束之后常态化，将提高长期经济增长效率。

一、网络空间集聚替代地理空间集聚，节约稀缺土地资源，提高资源使用效率

疫情提高了人与人接触的成本，因此需要地理空间集聚的一些经济活动，如旅游、餐饮、影院、线下娱乐以及部分超市服务首先受到冲击。为了缓解这种巨大冲击并降低损失，相关企业采取了很

[①] 本文发表于《北京日报·理论周刊》2020年3月16日。

多措施，其中最为典型的就是线下服务线上化，网络空间集聚取代部分地理空间集聚。

比如电影《囧妈》和《肥龙过江》从线下影院放映转为线上网站放映，其中《囧妈》制片方获得超过6亿元的收入，这对制片方来说相当于18亿元的影院票房，几乎没有什么损失；一些影院开始将爆米花制作原料的存货以及其他食品存货通过线上微店销售；线下餐馆开始主要接线上外卖订单，有的也开始卖蔬菜，也有的开展"直播+外卖"的销售模式；一些线下娱乐场所探索开展"云蹦迪"业务；此外，在线医疗、在线办公、在线教育也迎来发展机遇。

短期看，这些做法是为了应对疫情冲击，但是也从另一侧面使人们发现其实很多活动，线上解决起来可能效率不低甚至更高。

长期看，如果在疫情结束之后，这种"网络空间集聚"替代"地理空间集聚"的现象可以在一定程度上得以维持，就可以从本质上节约土地资源，降低成本；在某些情况下还使得原本支付给土地的租金报酬转化为支付给劳动力的工资报酬，这对于增加就业机会，增加普通劳动者报酬是有重要意义的。

举个例子，当人们更多从超市现场购物转为网上购物时，超市可能就不再需要那么多店面——尤其是人流密集的高租金店面——来展示和贮存货物，而需要更多的快递劳务人员来负责送货，此时部分土地的租金就可能被节约下来，并最终转化为快递人员的劳动报酬，这对于一个经济体长期保持经济活力是有利的。

这次疫情过程中，网络空间的"线上服务业"迎来发展机遇，这是因为突如其来的疫情有可能对人们的线上服务需求偏好产生影响，让消费者线下转线上的"转换"和"学习"的机会成本下降。如果可以促成某种消费习惯，那么这种短期冲击的影响就可能成为提升长期经济运行效率的机会。

政府为帮助企业复工复产，服务效率的提升，有可能转为长期营商环境的改善。营商环境历来重要，在当下中国经济进入高质量发展阶段显得尤其重要。随着劳动力成本的不断提高，和全世界平均水平相比，中国已经不再是一个典型的劳动力丰裕型的经济体，而开始展现出资本丰裕型经济体的特征。

此时一个明显的变化就是作为资本所有者的企业赢利不再像资本稀缺时代那样容易，这将影响到投资者的预期和积极性，进而对整体投资活力也有所影响。虽然中国具备国内市场规模巨大、产业体系完备、发展潜力巨大的重要优势，但是在这样一个转折时期，企业可能仍然会感觉到钱不好赚了。

另一方面，高质量发展阶段所需要的创新，需要有更多企业进行试错来实现。当劳动力、土地等基本生产要素的成本开始提高时，降低企业经营成本的重要渠道就是改善营商环境，降低企业经营的制度成本。可以说，此次疫情为营商环境长期改善提供了一个试验场。

此次疫情突如其来，导致很多企业经营成本一下提高到非常规水平，比如不少企业面临员工无法顺利到位、物流不够通畅等很多具体问题。若要使经济发展不至于受到太大的影响，就必然需要降低营商成本。比如在统筹推进疫情防控和经济社会发展过程中，各地的确出现了一些改善营商环境的具体做法。北京、上海细化了惠企政策。1月刚装修好的餐饮店面临开业,按以前的规定,还需要市场监管部门进行现场核查。而根据现在的措施,企业通过互联网提交了视频,很快完成了审核。江苏省江阴市为推进企业有序复工复产,政府开辟绿色通道,位于江阴市的江苏扬子江船业集团上午把材料通过微信发给江阴公证处工作人员,下午就得到通知说可以取证。可以说,在疫情之下,无论是政府办事效率还是远程审批技术的应用,都可以提高到一个新的水平。

这种改善营商环境的压力,在非疫情期间很可能感受不到,很多具体的想法和做法也不会出现。此次疫情带来的外生冲击相当于一个"准自然实验",验证我们在企业的常规经营成本急剧上升的时候,营商环境在多大程度上可以迎接挑战,也验证各级政府部门能够多么迅速地改善营商环境。

一些改善营商环境的具体做法如果可以在疫情结束之后长期保留并拓展到更多领域,就可能成为一个长期的利好因素,提高经济社会运行的长期效率。

二、疫情使人们体会到逆全球化的成本,有可能长期利好全球化

中国制造业增加值占世界的份额已达到28%以上,接近美、日、德三国的总和。数百种工业品产量位居全球首位。中国是全世界唯一拥有联合国产业分类中全部工业门类的国家,也是120多个国家

最大的贸易伙伴。中国也已经成为全球供应链网络的中心，中间品进出口占到相当高的比重。

根据世界银行和联合国贸发会议共同发布的"世界综合贸易解决方案"数据库，观察全球近200个经济体从中国进口的商品，中间品在全部进口中占比的中位数达到21.7%。疫情导致的中国工厂复工延迟，开始导致全球价值链运转放缓甚至在某些领域停止，已经出现多个案例表明全球价值链运转受到较大影响。

现代汽车和双龙汽车（韩国品牌）已暂停汽车生产，原因是缺少从中国采购的一种配线部件；而菲亚特—克莱斯勒则警告称，欧洲可能出现供应中断的情况。科技行业也很脆弱，由于预期未来可能出现供应中断，受中国供应商影响的公司股价最初承受着压力。

中国目前在全球价值链中的地位，使得这场疫情的影响超出了中国本身。很多国家也从中意识到全球价值链对于中国的依赖。

理论上预测，为了缓解疫情对全球化的影响，各国政府会想办法降低贸易成本，这种现象已经开始出现。比如中国政府已经采取多种措施免除或降低进出口货物港口建设费、货物港务费、港口设施保安费等货物贸易成本，美国贸易代表办公室网站也于2020年3月5日显示对27家美国企业总计100多项进口中国的医疗相关产品进行了关税豁免。

此次疫情或许使人们意识到，全世界对于逆全球化的成本承受能力是有一个临界点的，疫情可以在一定程度上被看作对这种临界点的压力测试。无论出于什么原因，只要逆全球化的成本高到某个程度，人们就会采取措施缓解逆全球化的影响。

如果此次疫情能够让人们意识到逆全球化的成本，并将疫情过程中采取的针对性措施维持下去，甚至采取力度更大的措施来推进全球化，那也算是疫情的短期之危转为长期之机了。

第九章

找到"疫情防控"和"经济建设"之间的权衡[①]

2003年的"非典"并没有使中国当年的经济增长趋势出现一个"低谷",对宏观经济增长影响不大。这是因为疫情在较短时间内得到了控制,对资本、土地等生产要素的数量以及生产要素使用效率没有本质上的影响,唯一有可能受到影响的是疫情发生期间的劳动小时数,也在疫情结束之后得到弥补。总的来说,"非典"没有对我国宏观经济增长带来显著影响。

近期的新冠肺炎疫情,如何及何时才能基本控制住,目前并不清楚。在作者看来,疫情期间需着重关注以下几个问题。

一、应当在较短时间内寻找到"疫情防控"和"经济建设"之间的权衡

疫情对于经济的影响主要取决于其严重程度和持续时间,因此"时间"可能是最重要的决定因素,这将直接决定疫情对经济的影响是一个"短期问题"还是"长期问题"。如果疫情在短期内可以好

[①] 本文于2020年2月21日发表于光明网理论频道,原题目为"要在较短的时间内找到'疫情防控'和'经济建设'之间的权衡"。

转，并且经济运转大部分很快随之恢复正常，那么疫情对资本、土地以及生产效率的影响都可以忽略不计，唯一可能受到影响的劳动时间投入也有可能在疫情结束之后弥补回来；但是如果疫情持续严重，时间拖长，那一方面可能导致现有企业退出产业，资本水平下降，另一方面也影响到人们预期，进而影响到潜在新增投资的出现。从全球范围看，时间越长，全球价值链对于中国的依赖程度越会减弱，需求弹性越大，有可能全球价值链绕过中国——虽然这种现象很难出现，但是疫情导致全球价值链成本提高，会导致经济增长放缓同时价格上升。

总之，时间是决定疫情对中国经济乃至全球经济影响大小的最关键因素。应当在比较短的时间内寻找到"疫情防控"和"经济建设"之间的权衡。从"非典"防控的经验看，应该在今年2月底3月初之前实现较大范围内复工生产，以防止疫情对经济的影响从短期冲击演变为长期影响。

二、疫情开始于春节前后，对不同行业的影响比重不同

疫情对于高度依赖春节时间窗口的经济活动影响很大。尤其是既需要地理空间集聚又需要花费闲暇时间的体验类生活服务业，如餐饮、旅游、影院电影、线下休闲娱乐等，以及帮助人们进行地理空间集聚的交通运输业。虽然春节假期只有短短7到8天时间，但是对于旅游和线下电影等经济活动来讲，是需求爆发式出现的最重要时间窗口。2019年旅游业收入为6.5万亿元，春节期间为5139亿

元，占比7.9%；2019年春节档期电影票房58.4亿元，占全年的9.1%以上。这种对于受到闲暇时间约束较大的体验类活动，失去了春节的一个时间窗口，再补回来比较难。2003年"非典"期间并没有春节这样的重要时间窗口，其间的公共假期只有五一劳动节，而五一劳动节和春节相比相差很大，比如2019年五一劳动节期间旅游收入是1170亿元，只有春节的23%；电影票房是15亿元，大约是四分之一。

对此，当前已出台了一系列税收财政政策以帮助这些企业度过特殊时期。不过，如果疫情继续延长，为减少其大量的经济损失进而避免倒闭的可能性，除必要的税收财政等政策支持之外，最切实际的应该是组织或引导相关单位和个人减免疫情期间租户需要支付的租金。当前，包括万达广场在内的多家商业地产公司提出给租户免除房租，也有多个城市房产联盟提议减免企业房租租金；不少房东与租房者达成减租、免租、缓租的安排。

春节期间制造业工厂本来就要停工过节，所以疫情发生最开始的一段时间并未对制造业生产产生太大影响；但是随着春节结束，疫情对制造业复产的影响逐渐开始显露了。图9–1是浙江省企业复工电力指数，该指数是复工企业数比重和复工企业用电量占前一年四个季度日均用电量比重的算数平均数，对比2020年农历正月十六和2019年同期的企业复工指数，可见2020年复工情况低不少，其中工业的复工指数最低，只有14.44，而2019年同期则为70.97。在此情况下，从顶层设计来说，应及时出台更多行之有效、简单易落地执行的政策；从企业自身来说，应探索线上进行业务对接的可能，停工不停业务。

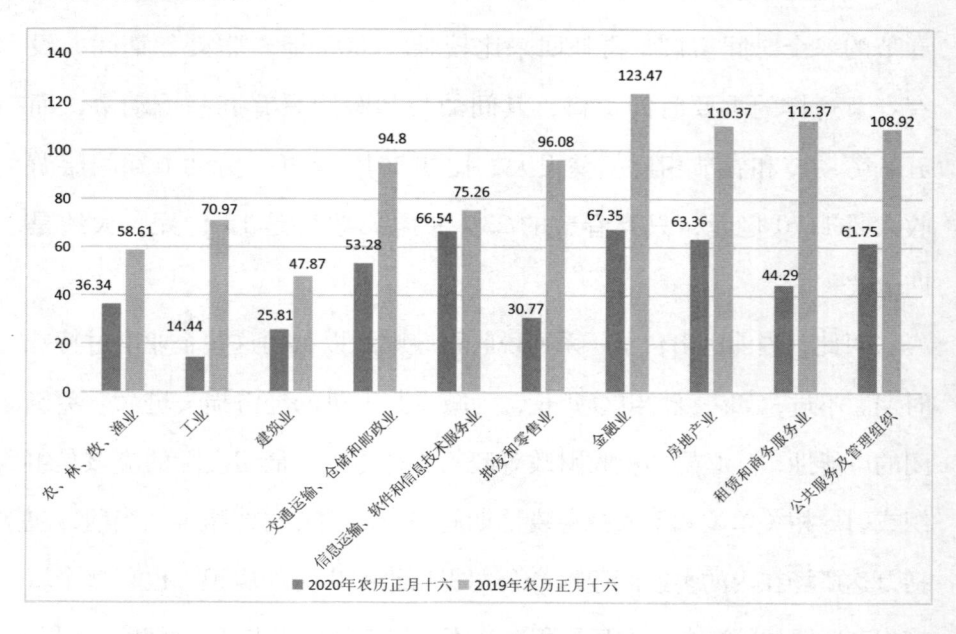

图 9-1 浙江省企业复工电力指数

三、互联网为"抗疫"带来诸多机遇

"非典"发生的2003年，中国宽带用户数只有1000万人，人均周上网时间只有13.4小时；但是2019年6月，中国网民数量已经达到8.47亿，已经是2003年的84.7倍，人均周上网时间27.9小时，是2003年的2倍多；整体上说，新冠肺炎疫情时期的全中国国民上网总时长是"非典"疫情时期的接近170倍。"非典"发生的2003年，中国的互联网经济刚刚开始，但是如今，中国已经成为全球领先的互联网大国，互联网深度渗透到人们生活的方方面面。

首先，疫情当下，"地理空间集聚"难以实现，故而地理空间集聚中所需要的土地，以及帮助人们实现地理空间集聚的交通运输业都受到较大创伤。其中，商场、电影院、超市、餐厅等损失巨大。但与此同时，"网络空间集聚"为很多"线上"服务的发展提供了机会，也在一定程度上控制了疫情影响的程度。

其次，灵活用工模式出现创新。疫情当下，线下企业工作机会突然变少，线上企业工作机会突然增多，这促使线上企业和线下企业之间出现员工的短期借调现象。如2020年2月3日，盒马生鲜发布公告，宣布吸收其他餐饮业待岗人员。人手短缺的盒马生鲜与云海肴、西贝、探鱼、青年餐厅等餐饮品牌达到合作，短期入职员工超过1800人。

此外，疫情对人们的线上服务需求偏好产生影响，从而为一些新兴产业带来机遇。比如在疫情的影响之下，人们对于远程办公、在线医疗、在线教育、在线视频等线上服务的需求偏好迅速提升。

这突如其来的疫情，一定程度上相当于提供了一个"自然实验"，让人们感受到了"逆全球化"或者"经济脱钩"的巨大成本。

（北京第二外国语学院国际经济与贸易专业硕士生宋晋冀对此文亦有贡献）

第十章

风险挑战前所未有，但中国的发展必将充满希望[①]

这次新冠肺炎疫情，是中华人民共和国成立以来在我国发生的传播速度最快、感染范围最广、防控难度最大的一次重大突发公共卫生事件。疫情正在全世界扩散，何时能够被控制住，仍然不确定。

从国内环境来看，当前，中国疫情防控已经转向了常态化阶段，而且这个阶段可能会持续相当长的时间。必须清醒地认识到，输入型疫情风险依然存在，疫情防控这根弦不能松，既要防止反弹也要防止扩散。疫情防控取得最终胜利之前，始终会对国内经济增长造成总量方面、结构方面的影响。即便存在"转危为机"的空间，且可以促成线上经济、线上教育等新业态的生成，但总体来看疫情还是会给经济社会运行和发展带来更高的成本，也会给经济发展带来更大的压力与更多的挑战，不确定性明显增多。

从国际环境来看，一方面各大国际组织对2020年全球经济增长纷纷给出悲观预测，国际货币基金组织在2020年4月的《世界经济

---

① 本文发表于光明网理论频道2020年6月26日。

展望报告》中预测2020的全球经济增长率为-3%，发达经济体为-6.1%，新兴市场国家和发展中经济体为-1%；世界银行公布的2020年第6期《全球经济展望报告》预测2020年全球经济增长-5.2%，发达经济体-7%，新兴市场和发展中经济体-2.5%。

基于以上分析，复杂的国内外环境叠加疫情的影响，中国在当前及今后一段时间的确面临着"风险挑战前所未有"这样一个大背景。

诚如2020年政府工作报告中所指出的，当前和今后一个时期，中国发展面临的风险挑战前所未有，但我们有独特政治和制度优势、雄厚经济基础、巨大市场潜力、亿万人民勤劳智慧。

首先，中国特色社会主义制度和国家治理体系具备诸多优势，比如"坚持全国一盘棋，调动各方面积极性，集中力量办大事"的显著优势。这一点在此次疫情防控过程中也得到了极大的体现。我们在没有经验可以借鉴的情况下，用一个多月的时间初步遏制了疫情蔓延势头，用两个月左右的时间将本土新增病例控制在个位数以内，用三个月左右的时间取得了湖北保卫战、武汉保卫战的决定性成果，这证明中国共产党领导和中国社会主义制度、中国国家治理体系具有强大生命力和显著优越性，能够战胜任何艰难险阻，能够为人类文明进步做出重大贡献。在这次疫情防控过程中所采取的疫区集中封锁+全国各地支援的模式，对于应对那些突然大规模暴发且充满未知的公共卫生事件冲击，可以成为一种有效的治理框架进行推广应用。

其次，中国具有雄厚经济基础和巨大市场潜力。中国是全世界唯一一个在中等收入阶段就成为规模巨大的经济体的国家。2019年，中国人均国内生产总值为1万美元，是一个中等收入经济体，但同时中国的国内生产总值总量为99.1万亿，占全球比重高达16%，是一个大规模经济体；中国是全球唯一一个同时具备"人均中等，总量巨大"两大重要特征的经济体，前者意味着中国有潜力，后者意味着中国有引力。因此，在全球化和高水平对外开放的背景之下，中国有能力吸引和集结全球优势资源，发挥中国经济增长潜力，这也是中国非常独特的优势。

最后，中国有亿万人民。中国人民爱储蓄，即使是在贫穷时代，都可以保持40%的储蓄率。中国人又重视教育，有"再穷不能穷教育"的优秀传统文化。储蓄成为投资的来源，教育带来人力资本水平的提升，两者都成为经济长期增长的源泉；中国人民勤劳肯干，不怕苦、不怕累，始终致力于提高自身的劳动生产率；中国人民善于竞争也善于合作。区域间相互竞争的独特制度特征促进了经济高速增长，而当下京津冀协同发展、长江经济带发展、粤港澳大湾区建设、长三角一体化发展按下快进键，又体现了中国人善于合作的能力。正是有亿万人民做后盾，中国才能展现出前所未有的韧性，才能形成应对风险挑战的强大动力。

因此，只要直面挑战，坚定发展信心，增强发展动力，维护和用好我国发展重要战略机遇期，当前的难关一定能闯过，中国的发展必将充满希望。

第十一章

中国从"世界工厂"到"世界市场"[①]

2019年11月5日，第二届中国国际进口博览会开幕。和首届相比，本届博览会参与的国家更多，新亮相国家超过1/3，首次亮相的境外企业超过1000家。习近平出席第二届"一带一路"国际合作高峰论坛开幕式并发表主旨演讲时指出，中国既是"世界工厂"，也是"世界市场"。今年，习近平主席在开幕式上进一步表示："中国市场这么大，欢迎大家都来看看。"这说明中国在世界经济中的地位在发生改变，中国经济在与世界经济更加融合的过程中，所发挥的作用不仅仅是供给侧的，也将是需求侧的。

一、名副其实的"世界工厂"

1980年，中国人均国内生产总值为194.8美元，只有世界平均水平的1/13；中国15～64岁之间的人口为5.85亿，占世界总量的22.4%。中国的对外开放为全球制造业成本降低带来了前所未有的潜力，也"当仁不让"地为全世界提供了一个在后来30多年中低成

---

① 本文原载于光明网理论频道 https：//share.gmw.cn/theory/2019-11/08/content_33305601.htm。

本劳动力接近"无限供给"的"世界工厂"。中国人民致富意愿强烈、勤劳肯干的工作品质在全世界享有盛名。到了今天，中国制造业增加值稳居世界第一位。

二、"既是世界工厂，也是世界市场"

2018年，中国经济总量已经达世界总量的16%。与此同时中国采取多重措施提高对外开放水平，推动形成全面开放新格局，首创国家级进口博览会，新时代的中国，"既是世界工厂，也是世界市场"。

成为世界市场，中国有基础。2018年中国社会消费品零售总量达到38.1万亿元，稳居世界第二且接近第一，中国有世界第一的人口总量，经济总量超过90万亿元，稳居世界第二且占世界比重高达16%，也有世界规模最大的中等收入群体。同时，中国人民对美好生活有追求，对来自世界各地的更加多样化、高品质的产品产生巨大需求。总之，中国目前成为世界市场具备了充足的基础。

成为世界市场，中国有意愿。召开进博会表明了中国继续扩大对外开放的意愿和决心。此次进博会开幕式致辞中，习近平主席向世界宣布了过去一年中中国进一步扩大开放的新举措。新设立6个自由贸易试验区，设立科创板并正式试行注册制，正式实施长三角区域一体化国家战略，《中华人民共和国外商投资法》2020年正式实施，全面实施准入前国民待遇加负面清单管理制度已经出台，扩大进口、进一步降低关税取得重大进展，中国开放的大门只会越开越大。全面开放新格局符合中国和世界的共同利益。中国具备"人均中等，总量第二"的独一无二的国情，中国需要扩大开放，靠"超大规模经济体"来吸引集结全球优势资源，推进中国跨越"中等收入陷阱"。全世界几乎只有中国具备这样的国情和优势，在开放中实现中国经济发展，同时让全球分享中国经济发展的红利。

成为世界市场，中国可以做出新贡献。成为世界工厂，中国为世界做出供给侧的贡献；而成为世界市场，中国开始为世界做出需求侧的贡献。中国成为新的世界市场，使得世界范围内的多样性产品有可能更好地收获"规模经济效应"，降低多样性的成本，使更多样的产品可以存在，也使中国乃至世界各国消费者可以更加低成本地享受到多样性带来的效用。比如过去几年中，非英语电影在全球电影排行榜中位次迅速上升，这主要是得益于中国电影市场的增长。

成为世界市场，为世界经济增长带来新动能。中国有14亿人口和世界第二的经济总量，中国成为世界市场，可以为全球范围企业品牌的研发、设计提供新的需求支撑。"有买才有卖"，中国可以为当前乃至未来很多的大投资、高风险的创新活动提供市场支撑。

中国将不仅仅是最终产品的世界市场，也会是生产要素的世界市场。中国的人均收入处于中等水平，仍然具备较大的增长空间。在世界银行发布的《2020年全球营商环境报告》中，中国位居全球第31位，继2019年跃升32位后，再次提升15位，连续两年入列全球优化营商环境改善幅度最大的十大经济体。通过全方位对外开放，中国不仅可以为全球最终产品带来更大市场，也可以为全球生产要素提供就业机会和真实收入增长的空间。

过去几十年,中国经济增长使得全球 7.4 亿人摆脱贫困,中国人均收入也从世界平均水平的 1/13 增长到和世界平均水平接近相同,这个过程是中国与世界共赢的过程。但是随着中外经济差距的缩小,原本存在于"垂直分工"中的巨大增长潜力也在减少。世界在寻找新的增长动能。习近平主席在第二届中国国际进口博览会上的主旨演讲明确提出三大倡议和五大措施,表明了中国作为一个大国的责任担当。相信中国成为世界市场,必将为世界经济增长带来新的动能。今后中国将从供给侧和需求侧两个方面为世界经济增长做出贡献。

第十二章

中国如何将"中等收入陷阱"转为发展机遇[①]

党的十九大报告明确指出,到 21 世纪中叶中国将建成富强、民主、文明、和谐、美丽的社会主义现代化强国。[②] 当前中国仍处于中等收入水平,经济增长率由高速转向中高速,成功建设社会主义现代化强国,必然要跨越中等收入阶段,进入高收入国家行列。改革开放实践证明,新时代背景下中国的快速健康发展奠定了跨越中等收入水平的历史机遇,切实抓住这个机遇,科学制定政策战略,充分发掘产业升级潜力,就可以跨越所谓的"中等收入陷阱"。习近平总书记在第十三届全国人民代表大会讲话中指出,要全方位高水平扩大开放,为我们进一步汇聚全球优势资源,提高全要素生产率,发掘潜力实现产业优化升级提供了实践指南。

2010 年,中国国内生产总值超过日本,成为世界第二大经济体。中国在中等收入阶段就已经成为全球最大的经济体之一。按购买力平价计算,从 2014 年开始,中国国内生产总值就已经超过了美

[①] 本文来源于"中国社会科学网"微信公众号。
[②] 习近平在第二届世界互联网大会开幕式上的讲话(全文)[EB/OL].新华网,2018-02-05.

国跃升为全球第一，即使按照汇率计算，中国目前也是稳居于第二大经济体"人均中等、总量第二"这个独一无二的国情特征①，意味着中国不但不会陷入所谓"中等收入陷阱"，反而具备独一无二的中等收入机遇。

"人均中等"，说明中国的产业结构升级仍然有巨大潜力，仍然有空间来利用后发优势，吸收先发国家先进经验和技术加快发展，这是发达经济体所不具备的条件。国务院副总理刘鹤在2018年达沃斯论坛讲话中指出，当前经济从高速增长阶段向高质量发展转变的背景，将为诸多新产业发展创造巨大的空间，比如与消费升级相关的制造业和服务业，与新型城市化相关的节能建筑、智能交通、新能源等诸多绿色低碳产业等。②

"总量第二"，意味着中国具备巨大的市场吸引力，这是其他处于中等收入阶段的小国（经济体）所不具备的条件。中国已经具备了全世界规模最大的中等收入群体，形成巨大的国内市场。如果说改革开放之初中国的优势之一，是很难国际流动的低成本劳动力群体，那么新时代中国最大的优势就是巨大的市场规模。它有助于中国对于规模经济效应明显的产业产生本地市场效应，并将全球优质的资源吸引过来。汇丰集团2015年年底发布的调查结果显示，中国内地在2015年成为亚太区最具吸引力的移居地。

---

① 2017年中国人均GDP超8800美元 跨越中等收入陷阱需延续稳中向好发展 [EB/OL]. 网易新闻, 2018-03-01.
② 刘鹤达沃斯首秀：未来推动经济高质量发展仍然要靠改革开放 [EB/OL]. 新浪财经, 2018-03-06.

"人均中等、总量第二",是全球范围内中国独有的国情体现,这使中国可以充分利用外部有利条件,抓住独属于中国的中等收入机遇。这里强调两个机遇,一是全球化机遇,二是互联网支撑的共享经济机遇。

全球化机遇是中国经济腾飞以来一直存在的外部机遇。改革开放以来,中国以规模庞大且国际流动性低的低成本劳动力群体,吸引了来自全世界的资本、技术以及企业家,将它们集结在中国形成生产能力,充分利用"两个市场""两种资源",实现了经济高速增长,也为世界经济发展做出了难以替代的巨大贡献。而在以高质量发展为特征的新时代,中国依然具备不可比拟的集结全球优势资源的能力,只不过这个阶段的核心竞争力不再是低成本的劳动力群体,而恰恰是"人均中等、总量第二"的独一无二的国情。中国同时具备产业发展空间和市场规模吸引力,这是任何一个发达国家和发展中国家(经济体)都不具备的优势条件,这使得我们最具备条件来集结优势生产要素。从这个角度看,我们必须按照习近平总书记在第十三届全国人民代表大会闭幕讲话中要求的,"要以更大的力度、更实的措施全面深化改革、扩大对外开放"。中国将以新的优势,继续成为全球优势生产要素的集结地,在推进自身高质量发展的同时,继续为世界经济发展发挥无可替代的重要作用。

与传统产业相比,中国的互联网产业发展从一开始就处在一个相对有利的环境当中。互联网产业是 20 世纪 90 年代以来发展起来的新兴产业,与世界前沿起跑线差距很小。中国一批企业家更早地充分发挥其熟悉中国国情的本土化优势，所以中国的互联网产业从一开始就是由本土企业家和本土品牌公司所主导的。当前中国更是形成了以 BAT 为代表的互联网巨头，建立了丰富的数字化生态圈并正在不断拓展延伸。中国市场体量庞大，拥有数量可观的年轻网民，为数字商业模式迅速投入商用创造了条件，更有助于其快速实现规模经济。2016 年，中国互联网用户达 7.13 亿。另外，中国国内知识产权使用与保护制度日益完善，使中国互联网企业可以更低成本地进行竞争，并将多重功能集成于一个简单易操作的应用程序当中，产生"成为操作系统的通信软件"。① 近年来中国金融业对内开放，也为互联网企业的盈利模式带来新机遇，使互联网公司可以通过免费提供服务的方式，来较快地扩大市场并黏住用户。此外，面对这样一个前沿产业，中国政府也采取了"先试水、后监管"的宽容的政策态度，这与政府对许多传统产业的态度很不相同，如今更是成为数字化发展的积极推动者。② 上述所有有利条件，促使中国在移动互联网领域处于世界领先的地位。③

"人均中等、总量第二"的国情，再加上互联网产业的优势状况，使得中国的营商环境在全世界范围内最适合发展共享经济。中等收入水平的群体，对于不少高端产品可能不具备支付能力，但是

---

① 美媒：中国人靠手机享受丰富生活，美国人羡慕［EB/OL］. 腾讯科技，2018 – 04 – 02.
② 参见麦肯锡全球研究院，《中国数字经济如何引领全球新趋势》，麦肯锡中国官网。
③ 江小涓. 网络时代的服务型经济：中国迈向发展新阶段［M］. 北京：中国社会科学出版社，2018：398.

如果共享，则可以形成巨大的市场。比如对于豪华汽车，独享模式意味着一个客户要一次性买断一辆汽车的所有权和使用权，对于一个中等收入者会造成财务压力，但是如果可以共享，就可能产生需求。巨大的市场既可以支撑多个企业在其中竞争以提高服务效率，形成良性的竞争环境，又可以保证各家公司享受足够的规模经济效应。

互联网技术支撑下的共享经济模式可以极大地推进产业分工细化，规模经济及外部规模经济等经济增长机制发挥作用的条件也在发生变化，必然带来新的经济增长潜力。这也是共享经济可以在短期内获得迅速发展的动因。比如，共享单车模式就将单车的维修维护工作交给专门人员统一负责，既促进了分工专业化，也带来了规模经济效应。[1] 由于互联网在一定程度上弱化了地理位置和地理距离的重要性，所以集聚经济效应或外部规模经济效应发挥作用所需要的地理集聚条件也被弱化了。[2] 比如，互联网普及之前，KTV 往往设置在人流密集的闹市区，以便于人们集聚而产生服务的规模经济效应；互联网普及后，只要有网络，分散在各个角落的人所演唱的歌曲或者表演的节目都可以低成本地集聚到互联网上，这时 KTV 就可以分散在各个角落，而消费者的作品依然可以集聚到互联网上，从而也就可以节省地租等重要成本。类似这种"碎片化服务却可发

---

[1] 罗立彬. 共享单车租赁模式引领共享经济发展 [EB/OL]. 中国社会科学网，2018-03-05.

[2] 江小涓. 网络时代的服务型经济：中国迈向发展新阶段 [M]. 北京：中国社会科学出版社，2018：398.

挥规模经济效应"的现象还出现在健身、按摩椅、借书等领域。总之，正如习近平总书记在第二届世界互联网大会上所讲的，以互联网为代表的信息技术"引领了社会生产新变革，创造了人类生活新空间"。互联网技术支撑下的共享经济模式，可以充分发挥中国"人均中等、总量第二"的独一无二的国情优势。中国新时代产业升级应该利用好这一重要机遇。

第十三章

共享单车租赁模式引领共享经济发展

2015年5月,超过2000辆共享单车出现在北大校园,在短短两年多时间,共享单车不仅遍布全国,而且走向英国、新加坡、马来西亚等国家,成为真正意义上在中国发展、繁荣并走向国际的中国原创商业模式。

根据国家信息中心分享经济研究中心发布的《共享单车行业就业研究报告》,到2017年7月,国内共享单车累计投放量约1600万辆,带动10万人就业。其中2017年上半年带动新增就业人数约7万人,约占同期我国城镇新增就业人口(717万)的1%。报告指出,我国共享单车全行业日订单5000万单左右,平均每辆共享单车的骑行频次超过3次,达到3.125次。到2017年6月,国内共享单车用户规模达到1.06亿。2017年上半年,共享单车以22起融资成为分享经济领域内融资事件数最多的细分领域,融资额达到104.33亿元。

共享单车井喷式发展使其成为国内外各界关注的重要现象。为什么共享单车可以在短期内获得如此迅速的发展?从经济学角度讲,它具备什么样的重要意义?如何看待共享单车所带来的一些争议?

本文试图对上述问题给出初步解答。

一、为什么共享单车可以在短时间内出现井喷式繁荣：成本收益的解释

我们将共享单车定义为基于互联网技术的自行车租赁。租赁模式早已有之，但是互联网使它发现引爆点。在互联网时代到来之前，自行车租赁的成本太高，使其成为偶发事件（刘根荣，2017）。互联网极大地降低了租赁经济的交易成本，从而极大促进了自行车租赁市场规模。我们分析了在互联网纳入自行车租赁模式前后，厂商和消费者的成本和收益。见表13-1。

表13-1 互联网时代前后使用自行车的相关成本收益

对于消费者		购买（私享）	租赁（共享）
互联网前	成本	货币成本	（1）货币成本
			（2）取车成本（时间和精力）
			（3）还车成本（时间和精力）
		闲置成本	（4）租用期间的闲置成本
		维护成本	（5）租用期间的维护成本
	收益	交通便利	（1）租用期间的交通距离（可能很短甚至低于取车和送车成本）
		锻炼身体	（2）锻炼身体
互联网后	成本	货币成本	（1）货币成本（由于有货币池效应、信息效应和注意力效应，加上竞争可能使货币成本变得很低，另外由于租期分散减少闲置所以省租金）

续表

对于消费者		购买（私享）	租赁（共享）
互联网前	成本	闲置成本	
		维护成本	
	收益	交通便利	（1）交通便利（由于借还方便，所以这个收益是净的）
		锻炼身体	（2）锻炼身体
互联网前	成本		（1）采购成本
			（2）自行车储存成本（仓库）
			（3）自行车的维护成本
			（4）其他管理费用（如用户信息的整理）
	收益		（1）租金收益
			（2）押金利息
			（3）比较有限的用户信息（需要人工输入和整理）
互联网后	成本		（1）采购成本
			（2）维护成本
	收益		（1）租金收益（需求提高后不一定降低很可能提高）
			（2）押金利息（需求提高后可以增加很多）
			（3）用户信息（不仅包括用户基本信息，还包括其骑行目的地信息）

（一）消费者：共享还是私享？

对于消费者，在移动互联网介入之前，自行车租赁的成本大于收益。由于自行车必须定点租赁，消费者除了支付租金货币成本

（成本1）之外，更重要的是还要付出取车、还车时需要的时间及精力成本（成本2和成本3）、租用期间的闲置成本和丢失或损坏风险（成本4和成本5），所能获得的收益则只有租用期间的交通距离，而自行车的运输距离又很有限，因此收益很可能无法抵销成本，使其成为在经济上不可行的一项活动。

与租赁相比，购买一辆自行车来私享没有取车和还车的成本，虽然成本收益的关系仍然不利，使自行车已经成为夕阳产业，但是和租赁相比，购买仍然是更为理性的选择。因此在互联网时代来临之前，人们会更多选择购买自行车而不是租赁，虽然购买自行车的人数也趋向稳定甚至下降。

互联网加入单车租赁业务之后，由于可以随时随地取车、还车，原本租赁所涉及的成本2、成本3、成本4、成本5全都消失了，而成本1货币成本也由于互联网条件下的信息流和资金流共享效应而大幅度减少，甚至在一定条件下可能降为零。在消费者看来，互联网支撑下的自行车租赁，成本既低于租赁所带来的收益，也低于购买的成本，因此购买自行车的人减少，而租赁自行车的人数必然开始增加。

（二）厂商：互联网带来了什么

对于提供租赁服务的厂商而言，互联网也使其成本降低、收益上升。从表13-1中可清楚看到，在有互联网模式之下，成本2仓储成本基本消失了，成本4信息维护成本由于有互联网自动收集信息的功能而基本消失了；同时，租金收益、资金池收益和用户信息收益都可能因为租赁业务的增加而大幅提升。

可见，互联网的介入使得自行车租赁对于消费者和厂商都大幅降低了成本、提高了收益，这是共享单车出现"井喷式"增长的原因。

二、共享单车模式不是真正意义上的共享吗

有学者认为，共享单车模式不是共享，而只是一种新型的租赁形式。出于两个原因，作者不同意这种观点。首先，租赁本来就是共享。租赁和购买的本质区别可能就在于所有权和使用权是否分离。租赁指的是所有权和使用权相分离，而购买是所有权和使用权不分离。租赁本来就是多人共享一种物品的使用权。所以说"共享单车是新型的租赁"并不能否定它是共享经济，虽然租赁只是共享的必要条件而非充要条件。其次，认为"共享单车不是真正的共享经济"的学者，主要基于它没有使用"闲置资源"，而"闲置物品或资源的使用权分享是共享经济的核心"，所以共享单车不符合共享经济的本质特征，比如刘根荣（2017）明确指出，"共享自行车从严格意义上不属于共享经济范畴，与传统自行车租赁没有本质区别"，因为共享经济必须涉及"闲置物品"或者"冗余资源"。

共享单车模式确实没有利用现有的闲置自行车。根据上海第五次交通综合调查的结果，截至2014年年底，上海市全市注册脚踏自行车1090万辆，而日均使用规模仅为155万辆，也就是说，至少在上海，仍有自行车处于闲置状态。虽然市场上已经出现个别厂商使

用闲置自行车经营共享单车的案例，但是并没有形成主流，绝大多数共享单车采用的是新造单车而非原有的闲置单车。

但是从另一个方面看，仅仅根据这个原因就否定共享单车的共享性质，忽略了两个重要事实：一是由于共享单车的模式大大降低了交易成本，使人们对于单车的需求也大大增加，原本现存闲置资源不一定能够满足新增需求；二是虽然单车是"新造"的，但是共享单车模式仍然使这一批新造自行车被闲置的可能性大大降低。

首先，共享单车模式导致交易成本降低，使人们对于自行车的需求大大增加，远远超过已有闲置资源可以满足的程度。

举个简单的数字例子来说明这一点：假设现有自行车100辆，而剔除闲置因素后的实际需求量是70辆，因此有30辆自行车是闲置的。但在共享单车模式出现后，由于交易成本的下降，人们对自行车的使用需求迅速提高到1000辆，显然之前闲置的30辆自行车根本无法满足新增的需求，新增需求只能通过新造自行车来满足。

共享单车模式出现之后人们使用单车的频率确实在提高。根据北京市第五次综合交通调查，2010—2014年，北京市民自行车出行比例逐年下降。2014年北京六环以内出行距离5公里以内的步行占58%，自行车仅占15%。而上海也出现同样的情况，2014年和2009年相比，自行车出行比例为7.2%，下降了6.9%。截至2014年年底，上海市民日均使用自行车规模为155万辆，比2009年下降了

70%左右。① 而根据摩拜的大数据研究结果，共享单车模式出现之后，自行车出行比例翻了一番。根据北京交通委负责人介绍，2017年4月，北京市共享单车投放总量达到70万辆左右，注册用户接近1100万人，占北京常住人口2300万的一半左右。每天约有700万次骑行。也就是说，平均每辆自行车每天被骑行10次。② 而到2017年6月，上海的共享单车数量超过100万辆，注册用户数量超过1300万人。

其次，虽然表面上看，共享单车模式没有使用现有的单车，而是新造了很多单车，但是在单车的使用上实现了无缝对接，减少了单车的闲置时间。之所以可以无缝对接，本质上是因为互联网技术使得使用权的分割点可以网状分散分布，而不再像以前那样固定。比起这种生产出来之后的无缝对接所利用的闲置资源，初期制造所花费的成本可能不高。作者还是认为，是否是共享模式，是否利用闲置资源，除了考虑最初投入的是否是闲置资源之外，更重要的是看该模式在运行过程中，是否大大降低了其所使用资源的闲置率。从这个标准来看，共享单车虽然使用的是新造自行车，但是由于降低了所使用自行车的闲置率，也应当被认为属于共享模式。

可能还有人说，共享单车出现之后，厂商之间的激烈竞争导致单车泛滥，导致浪费，又提高了闲置率。的确如此，但是这也是产

---

① 上海市城乡建设和交通发展研究院. 上海市第五次综合交通调查主要成果［J］. 交通与运输，2015（6）：15-18.
② 北京需要多少共享单车：目前缺口近百万辆车［EB/OL］. 2017-08-20.

业成长期多个商家相互竞争的自然结果,是市场运行过程中的正常现象。待到市场进入成熟期,有厂商由于在竞争中出现亏损而退出市场,再考虑到公共停车资源稀缺之后可能出现的停车费,就会有更多厂商退出市场,最终市场会找到一个最佳的单车数量。在这个最优规模上,由于共享单车模式中互联网的介入,其对资源的利用程度还是会高于私享单车的情形。

  为什么共享汽车可以采用 UBER 这样的模式,不用新造汽车,而共享单车从一开始就是用新造的自行车?这是因为从新造和收集闲置两种方式看,前者的成本更低。一是 UBER 模式由于有司机的存在,不必实现租车地点的无缝对接,而共享自行车则不然。UBER 模式下,如果用户有用车的需求,汽车并不一定在身边,而只需要由汽车的所有者将车开到用户身边,因此由于有司机的存在,UBER 可以允许每辆汽车的所有权依然分散于汽车所有者手里。但是共享单车不行,用户在需要使用共享单车时,没有人会像 UBER 那样把车送到用车人身边,而需要用户自行寻找到单车,这就需要单车最好做到无处不在。这就要求单车的所有权集中在某一家大公司,后者将单车投放到各处。二是从 2008 年开始,由于自行车在人们出行中发挥的作用下降,在不少城市,自行车已经不再实行编号登记制度了,所以收集信息以及与各个自行车所有者沟通的成本可能很高,如果收集闲置自行车采用收购的方式,则对于厂商而言,付出的成本也不比新造低,甚至很高。三是现有自行车不一定适合共享单车模式,目前市场上的共享单车都有实心轮胎、智能锁头等现有自行车不具备的特点，以降低后期维护成本。如果要将现有单车变成共享单车，则需要进行一定的改装以及与自行车所有者更多的沟通工作，这种成本可能也很高。第四，在共享单车模式出现之初，公共的自行车停放空间并没有成为非常稀缺的资源，新增共享单车并没有对公共停车空间造成非常大的影响。最后要强调的是，其实市场上已经出现了利用闲置单车来共享的情况。作者在北京就曾经看到一款，这种单车强调"存量供给，智能共享"，就是将现有的自行车收编为共享单车。但是这种单车在市场上的生存状况并不好，这在一定程度上或许也说明这种模式不如新造模式。

三、为什么说共享单车模式是自行车租赁业务的革命

由于共享经济模式对于如下三个在经济学领域十分关键的方面的根本性影响，作者认为它的意义是重大的。

一是极大地促进了分工和专业化。传统租赁就是分工专业化与贸易，但是移动互联网的加入极大促进了租赁的效率，从而带来新的经济增长源泉。共享单车模式出现之前，单车的维修、安全、搬运等一系列相关工作都由消费者来负责，这显然是"一体化"而非"分工和专业化"的状态。而有了共享单车模式之后，消费者只需要负责骑车，而单车的维修、移动、安全等其他问题都由专业人士完成，从而促进分工和专业化，带来效率的提升。

二是带来了规模经济效应。首先，单车的所有权从个人转移到

大型公司名下，因此减少了自行车生产的样式，使其生产产生更明显的规模经济效应；其次，使用和维护等方面的专业化带来了规模经济效应。在作者的工作单位，共享单车的公司每天会派两名工作人员用一辆大卡车将几百辆单车大批量投放到人们可能需要单车的地方，与之前的"众多单个用户将单车骑到相应位置"相比，这种集中化大批量的调度，显然可以降低成本。

三是互联网支撑下的共享单车模式带来了信息共享，使信息有潜力成为新的生产要素，从而带来经济增长的新潜力。无论是传统的私享单车还是传统的自行车租赁，单车用户的信息以及骑行的路线信息的获得都是有限的，很难形成可利用的资源；而互联网支撑下的共享单车模式，却可以低成本甚至零成本地获取从用户注册到骑行路线的大量信息和数据，这些信息聚合在一起，可能成为高效率分析的基础，带来新的经济增长来源，甚至有专家学者认为"信息成为崭新的生产要素"。[①]

四、为什么共享经济特别适合中国

第一，基于移动互联网的移动支付系统是共享经济模式的根本性支撑，而中国在移动支付方面领先于全球。有人说中国已经在一定程度实现了无现金社会。这为共享单车模式的实现提供了技术支

[①] 比如国家信息化专家咨询委员会委员宁家骏在采访中表达如下观点：信息已经成为崭新的生产要素，并为劳动力、土地和资本等传统生产要素带来不可限量的附加价值。参见"信息成为崭新的生产要素"，原载于《浙江日报》，网易新闻转载 http://finance.china.com.cn/roll/20160926/3918978.shtml。

撑。"十三五"规划当中的第六篇"拓展网络经济空间"的全部内容都与信息网络有关,指出要实施网络强国战略,实施"互联网+"行动计划,促进互联网深度广泛应用,带动生产模式和组织方式变革。这说明未来几年,中国的互联网领域仍将保持高速发展。

第二,"人均中等、总量第二"的"独一无二的国情",使中国特别适合发展共享经济。2016年中国人均国内生产总值为8118美元,世界排名74位,从人均水平看,中国是名副其实的发展中国家,按照世界银行的标准,中国属于中等收入。但是由于中国有世界第一的人口规模,所以中国的经济总量可以在人均中等的情况下就成为世界第二大经济体。[①] 中国这种国情可以说在世界上绝无仅有。中国的人均收入使得很多人对于不少高端产品进行独享消费不一定具备足够的支付能力,但是如果共享,则可以形成一个非常巨大的市场。这个巨大的市场既可以支撑多个企业在其中竞争以提高服务效率,形成良性的竞争环境,又可以保证各家公司享受足够的规模经济效应。

第三,中国人口众多,不少城市人口密度大,共享的成本低。人口密度高意味着服务可以在更大程度上更频繁地无缝对接,更加减少闲置和浪费。

五、共享经济发展中的有效市场和有为政府

共享经济模式发展中出现的问题不少是正常现象。比如单车泛

---

① 按照购买力平价标准中国则在2014年开始就已经是世界第一大经济体。

滥，即加入市场竞争的单车厂家增加。共享单车的优势就在于取放方便，厂商希望自家品牌的单车可以随处可见，因此竞争就变成"占地盘"的竞争。竞争中，各方都处于"囚徒困境"，在没有强力的外在约束和监督的情况之下，各厂商必然会将数量竞争升级，从而占据越来越大的地盘。这种竞争虽然为消费者创造了方便和低价补贴，但是也占据了公共空间，甚至在一定程度上出现"公共资源悲剧"。

对于这种"囚徒困境"式的数量竞争，市场给出的答案反映在利润水平上。当竞争愈加激烈，厂商之间为竞争所进行的支出越来越大，就会有市场退出出现。因此市场有自身提供的解决方案，但是考虑到共享单车占据的是公共空间，虽然共享单车有一定的公共性质，但是如果随着单车数量越来越多，公共空间的零价格也会造成厂商对公共空间的滥用，造成"公共空间悲剧"。

对于此种市场失灵，政府可以采取若干措施加以规制。一是收取停车费，体现公共停车资源的稀缺性，从而提高市场进入的成本，减少单车的投放量；二是对于新增单车，以总量控制、指标可交易的模式来确定指标价格；三是根据城市人口数、人口密度、单车使用率等多重指标来合理估算单车总量，以控制单车数量。

共享单车模式发展过程中还可能出现用户素质问题，比如用户恶意破坏单车、公车私享问题等。但是这些问题本质上属于厂商的内部化问题，因为单车的破坏对于厂商而言完成了直接的内部化成本。因此，市场应该可以提供解决方案。不仅如此，社会也提出了一些我们都很难想到的方案。比如,目前有年轻人主动充当"单车猎人",① 义务地进行共享单车秩序维护,就是为了"让下一个人有车可骑"。

---

① 共享单车猎人:让下一个人有车可骑 [EB/OL]. 美骑网,2017 - 10 - 06.

第二篇 02
服务贸易与文化贸易篇

第十四章

用好比较优势，发展国际服务贸易①

国家主席习近平在 2020 年中国国际服务贸易交易会全球服务贸易峰会上的致辞中指出："中国将坚定不移扩大对外开放，建立健全跨境服务贸易负面清单管理制度，推进服务贸易创新发展试点开放平台建设，继续放宽服务业市场准入，主动扩大优质服务进口。"

一、发展国际服务贸易有利于形成对外贸易新优势

大力发展国际服务贸易本身就是扩大开放的应有之义。一是因为以往服务业开放度要低于制造业；二是因为国际服务贸易的四种形式——跨境交付、境外消费、自然人流动、商业存在，其中有三种涉及生产要素的跨国流动，所以国际服务贸易本身就内含着面向生产要素扩大开放的意思。

发展国际服务贸易有利于适应新时代社会主要矛盾的变化，增加服务多样化供给，满足人民日益增长的美好生活需要。新时代社会主要矛盾的变化，决定了人民的需求已经从可获得性发展到多样

---

① 本文发表于《广州日报·理论周刊》2020 年 10 月 19 日。

性、精神愉悦等方面，此时需求增量更多与服务供给有关，发展国际服务贸易有助于提高国内服务供给多样性。

发展国际服务贸易有利于形成对外贸易新优势。中国巨大的社会消费品零售总额为发展生产性服务业并形成国际竞争力提供了最为基础的优势条件，使得中国品牌和中国标准等服务元素有可能可以搭载在货物贸易之上进行出口，形成国际贸易新优势。全球范围内，以增加值核算的服务贸易占国际贸易比重已经高达49%，而用贸易额计算的比重则只有23%，这说明很多不可贸易的服务元素仍然搭载在"可贸易"的货物贸易上进行贸易。举一个具体的案例，小米手机目前已经在全球90多个国家和地区实现销售，并且在其中40多个国家和地区的销量进入当地前五名，而我们研究发现，小米手机在某些国家和地区销售的手机设计和销售模式与国内类似，这就是在服务中国国内大市场过程中形成的产品研发设计以及销售模式，直接溢出到国际市场的例子。这些微观层面的服务优势就可以为宏观层面中国贸易新优势的形成奠定基础。

国际服务贸易的重要作用已经开始超出了贸易领域本身，更是对国内产业分工细化以及产业结构升级产生影响。比如近年来服务外包领域出现的一个重要现象是外包"离岸转在岸"，原本承接离岸外包的企业开始转向在岸外包，为国内制造业提供服务并促进制造业转型升级和出口。2006年至2019年，中国在岸外包业务规模从几乎为零迅速增长到611.8亿美元，占外包总业务额比重也从几乎为零增至38.7%，而且2015年这个比重还只有33.1%，四年来每年递增1.4%。这是国内外经济环境以及中国经济优势发生变化的自然结果。当各种原因导致国内相关产业对服务投入的需求逐渐扩大，而国外需求减少时，原本服务于国外发包方的国内服务承接方，就可以很快开始为位于国内的在岸发包方提供服务，这对于国内服务业发展、服务业和制造业的产业分工、制造业以及货物出口转型升级和服务贸易结构升级都有重要意义。服务外包领域的"离岸转在岸"可以说充分体现了国际服务贸易推动国内产业分工的作用。

一些领域的国际服务贸易还有利于中国文化元素的国际传播。中国近年来国内巨大且增长迅速的文化市场，不仅成为国际文化市场的主要增量，也成为全球文化市场不可或缺的组成部分，这吸引了全球化的文化产品加入中国文化元素来面向全世界销售，从而带动中国文化元素随之向全球传播。比如近年来好莱坞电影就为了更好地进入中国市场而加入中国元素，同时面向近百个国家和地区放映，将中国文化元素传播到世界各地。这个过程既涉及服务贸易进口——如电影进口，也涉及服务贸易出口——比如电影拍摄过程中的中国演员以及中国拍摄团队的加盟，或者采用中国取景地甚至中国的影视拍摄基地。

二、中国发展国际服务贸易具备显著优势

中国目前具备"人均中等，总量巨大"的独特国情，这决定了中国在发展服务贸易方面有可能同时发挥比较优势和本地市场效应优势。

首先是比较优势，这是由"人均中等"的特征决定的。虽然近年来传统的旅行、运输以及与货物相关的传统服务贸易优势有所减弱，但是在一些国际服务外包领域依然保持一定的成本和生产率优势，这可以帮助形成服务贸易出口。比如近年来，离岸服务外包占我国新兴服务出口的比重一直在70%左右；更重要的是正在形成的本地市场效应优势，这是由中国经济总量巨大的特征所决定的。

中国有占全球16%的经济总量和高达41万亿元的社会消费品零售总额，这非常有利于吸引全球优质的研发、设计、品牌服务等规模经济效应明显的服务供给者来满足中国大市场的需求；这种国内巨大市场的意义不仅仅是需求侧的，更体现在供给侧。因为一个巨大的国内市场特别有利于帮助一些在应用方面规模经济效应明显的生产性服务在中国形成本地市场效应，在满足中国大市场需求的时候形成国际竞争力，并实现出口。

举一个文化产业领域的例子，在去年戛纳秋季电视节上，湖南卫视联合电视节组委会 Reed MIDEM，宣布启动"全球飙计划"，面向所有国际制作公司和电视平台，征集节目创意，旨在打造下一个引领中国电视新趋势并具备全球发行潜力的现象级节目模式。到2020年3月，"全球飙计划"吸引了来自23个国家及地区的公司和独立制作人参与，共收到60余个原创模式提案，最后西班牙 Atresmedia Studio 的《落地之前》被选定为冠军方案。可以想象，未来很可能世界上有一部分原创综艺节目模式从一开始就是为中国大市场准备的，同时也从一开始就具备全球推广的潜质，而设计这个模式的也是国际化的团队。

值得一提的是,基于互联网的数字贸易领域对于中国来说也是巨大机遇。网络与数字空间极大降低服务贸易成本,为国际服务市场带来了巨大的增量,目前在音乐、影视、文学等文化服务领域,网络和数字空间是最主要的市场增量。在一个存量市场格局基本稳定的领域,这种增量市场的出现特别有利于一些原本小众的服务提供者形成新优势,而且网络空间天然存在容纳大量多样性的显著的范围经济效应,对于小众服务提供者来说就更是如此。比如近年来在国际上引起反响的李子柒等,最初都是通过互联网传播形成影响力,如果没有网络空间,他们在传统存量市场上突出重围可以说是难上加难。

更为重要的是,随着市场规模越来越大,增量市场逐渐向主流市场迈进,此时整个市场格局就有可能发生变化,原本小众的服务品牌就可能跃升为主流。这对于中国这种在服务业以及服务贸易领域身为后发者、又具备最大潜力的经济体而言,无疑是弯道超车的巨大机遇。据统计,中国数字服务贸易领域已经实现顺差,未来应有更好发展。

三、继续挖掘比较优势,承接国际服务外包

一是继续挖掘服务贸易比较优势,承接国际服务外包。这对于解决较高层级就业,促进国内服务业发展升级、制造业优势升级都有潜在重要作用,是发展国际服务贸易出口的重要方式,更是利用

服务业全球分工细化带动国内分工细化与产业发展，挖掘中国经济增长潜力的重要途径。

二是继续扩大服务业开放，创新模式，在某些领域采用商业存在模式替代境外消费模式。近年来中国服务贸易逆差严重，最重要的原因是旅行服务贸易从顺差转为逆差，这并不全是坏事，而是中国经济地位在全球提高的自然表现。中国经济总量近年来在全球比重越来越高，2005年至2019年中国经济占全球比重从4.81%增加到16.34%，而美国从27.57%降到24.41%，欧盟从30.39%降到17.76%，日本从10.01%降到5.79%。同期，人均国内生产总值方面，中国年均增长率为5.73%，美国为1.85%，日本为0.865%，欧盟为1.4%，世界平均为1.385%。

旅行服务贸易涉及的是出境旅行，一般来讲，其需求收入弹性和需求价格弹性都大于1。因此，对于中国人来说，随着收入的提高，对出境旅行的需求迅速提升，而境外人均收入增长速度相对较低使其旅游成本增长也不高，对于中国人来说，出境旅行的相对价格更便宜，因此出境旅行快速增加并不令人意外；相反，对于境外人来说，中国收入水平的上升导致到中国旅行变得更贵，加上其收入增长本身相对较慢，无论从价格弹性还是收入弹性角度看，境外人士到中国境内旅行的需求都不会增长很多。

事实上，中国的旅行服务贸易出口额在2010年之后就处于比较平稳的状态，甚至在某些年份有所下降。从这个角度讲，近年来中国服务贸易逆差扩大是中国经济增长较快较稳，以及世界经济格局变化的一个结果；虽然 2017 年以来，中国旅行服务贸易进口增速开始明显放缓，中国出境游以及旅行进口市场可能从超高速增长阶段回落到中高速增长阶段，但是只要中国经济占全球比重提高的趋势不变，短期内服务贸易逆差的状况不会发生根本变化。

然而，如果可以在更大程度上放开教育、医疗等领域开放，允许外资教育机构和医疗机构进入并进行相应改革，就有可能用商业存在的方式替代异地消费型服务贸易进口，消费者在国内就可以享受到同等水平的教育和医疗服务，而无须出国，从而在一定程度上降低从旅行服务贸易层面上体现出来的服务贸易逆差，也非常有利于国内相关服务产业在更加开放的环境之下更好地发展。因为这种商业存在方式的服务贸易进口所创造的生产总值是留在国内的，是国内产业的一部分，同时它所带来的竞争、示范等多重效应也有利于国内产业的发展。

全球化与贸易：中国优势与机遇　>>>

第十五章

新冠肺炎疫情对服务贸易的影响[①]

一、非典疫情对服务贸易影响较小

"非典"疫情对于2003年的服务贸易影响并不显著，如图15－1所示，我们观察2000年到2009年间中国服务进出口贸易增长曲线情况，基本看不出2003年的增速受到"非典"疫情的影响。这是因为"非典"疫情在一个季度之内就基本得到了比较有效的控制，对于服务贸易活动的影响是短期的，此时服务贸易活动中所涉及的土地、资本等生产要素的存量以及生产要素的使用效率没有受到显著负面影响，唯一受到影响较大的是劳动小时数，也可以在疫情结束之后弥补回来。

---

① 本文来源于"中国服务贸易协会公众号"。

历年中国服务进出口统计（USD）　-●- 中国进出口额　-■- 中国出口额　-▲- 中国进口额

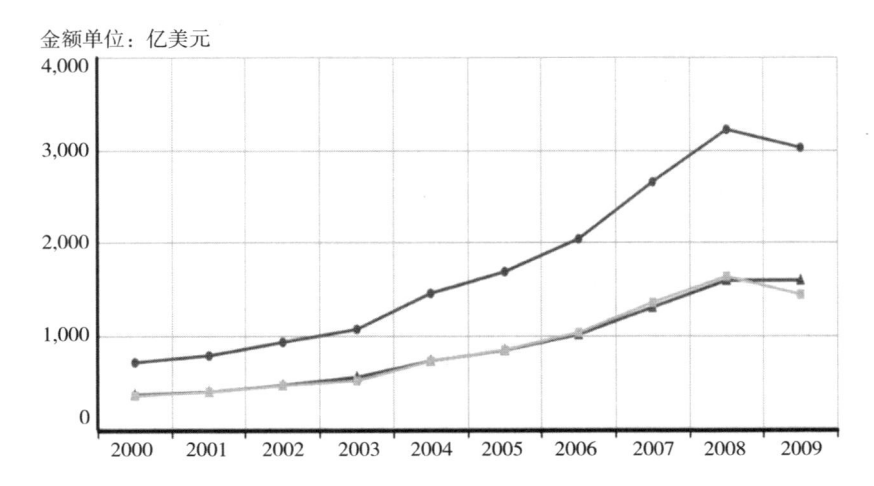

金额单位：亿美元

图 15-1　2000 年到 2009 年间中国服务贸易额

数据来源：商务部商务数据中心网

二、时间是疫情对服务贸易影响的关键因素

新冠肺炎疫情对服务贸易最大的影响在于疫情时间长短的不确定性，虽然中国目前疫情形势正在好转，但是国外疫情又开始发展起来，这肯定就拉长了疫情对国际服务贸易的影响时间，而时间是决定疫情对于服务贸易影响的关键因素之一，它直接决定了这是一个长期问题还是短期问题。如果在较短时间内可以恢复服务贸易活动，那土地、资本的存量以及生产要素使用效率等基本面不会变化，但是如果时间越拖越长，就会导致有企业破产，资本状况发生变化，这会影响到国际服务的供给和需求行为。世界贸易组织发布的 2020

年第一季度《全球服务贸易晴雨表》报告指出，新冠肺炎疫情冲击全球经济，全球服务贸易增长减弱。总的来说，新冠肺炎疫情对于国际服务贸易的影响，取决于疫情持续时间的长短，以及人们兼顾疫情防控和经济发展之间矛盾的能力。时间越长，能力越弱，影响越大；相反，时间越短，能力越强，影响越小。

三、自然人流动与异地消费受影响较大

服务贸易活动四种实现方式中有三种都涉及生产要素的跨国界流动，其中两种涉及人的跨国界流动，即自然人流动和异地消费，这两种形式的服务贸易在短期会受到非常大的影响，尤其是既需要地理空间集聚又需要闲暇时间的服务贸易活动，比如旅行服务贸易。新冠肺炎疫情恰好发生在春节这个重要的时间窗口，而旅游服务贸易对于春节这个时间窗口高度依赖，同时旅游服务贸易也是中国服务贸易总额中最为重要的组成部分。据统计，2019年中国全年出境游1.55亿人次，其中春节出境游700万人次，比重为4.51%；据有关统计，2020年春节期间出境游预订量同比下降了6.8%，而入境游下降了7.2%。旅游属于受到时间窗口影响较大的活动，错过了重要的时间窗口就比较难以弥补。而旅行服务贸易额占中国服务贸易总额的比重较高，近年来一直在40%左右。所以对服务贸易整体会产生一定的影响，但是影响更多的应该是旅行服务贸易进口。另外，与货物贸易相关性较强的一些服务贸易项目，比如运输服务贸易，应该也会在短期受到较大影响。据统计，2020年1—2月，进出口总

额 4.12 万亿元，下降了 9.6%，这会对运输服务贸易产生一定的负面影响，运输服务贸易也是中国服务贸易的重要部分之一，占 20% 左右，因此会对服务贸易整体产生一些影响。

四、网络与数字技术缓解负面影响并带来机遇

网络与数字技术缓解疫情对服务贸易的影响，也给一些新兴服务贸易业态带来机会。新冠肺炎疫情发生在一个网络与数字时代，网络与数字技术高度渗透到服务贸易之中。据世界贸易组织的报告，目前全球服务贸易中有一半以上已经实现了数字化。这在一定程度上可以缓解一些服务贸易的损失，使得原本通过自然人流动或者跨境消费而实现的服务贸易，可以通过跨境交付的方式通过互联网远程实现。比如据作者所知，疫情影响下，一些境外讲学活动就用网络远程授课来替代了。不仅如此，由于网络和数字技术还大大降低了服务贸易成本，反而有可能使得疫情期间跨国远程服务贸易活动更加频繁，一些相关企业还获得成长机会。此外，疫情为网络空间的服务活动带来机会，有助于网络空间的服务业规模扩大，这有可能有助于继续帮助中国相关服务领域形成本地市场效应。比如今年春节期间，手机游戏用户规模较平日增长 30%，人均单日使用时长增长 17.8%；王者荣耀、和平精英的用户规模迎来 30% 的增长。直播行业也迎来机遇，一些典型直播平台用户数明显上涨，如图 15-2 所示。中国的游戏和短视频的国际影响力较强，在很大程度上是因为中国本土网络用户规模和市场规模巨大所带来的本地市场效应，疫情期间网络空间的服务规模继续扩大，有可能会强化这种本地市场效应，为中国一些服务企业带来提升国际竞争力的机遇。

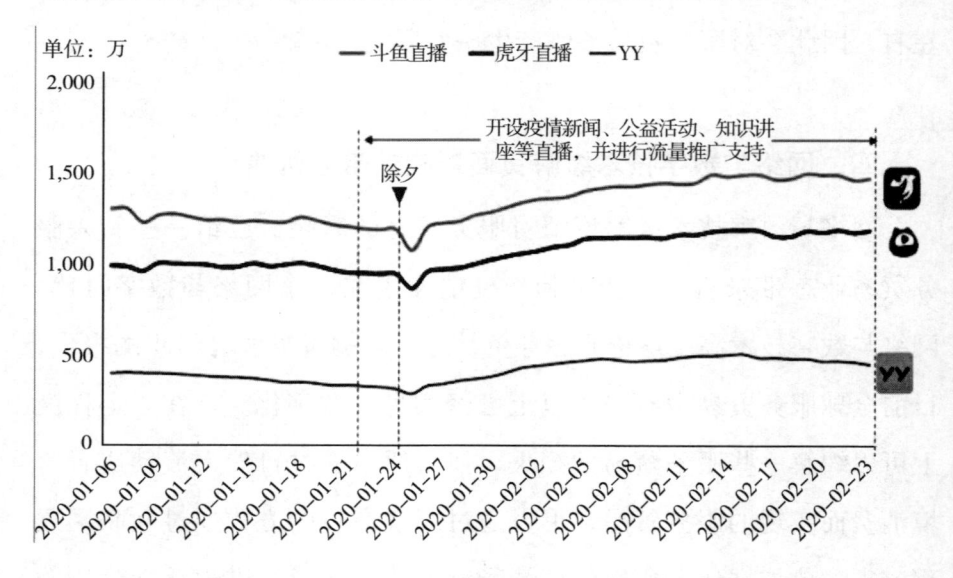

图15－2　2020年典型直播APP日活跃用户规模

疫情在短期内会对旅行与运输这两大占比很高的服务贸易带来显著负面影响。疫情对于自然人流动和异地消费两种形式的服务贸易的负面影响巨大，但是网络与数字技术可以缓解这种负面影响；疫情影响下的网络空间服务业规模的扩大，可能有助于中国在相关领域强化本地市场效应，并为相关企业形成国际竞争力带来机遇。

第十六章

充分挖掘中国服务贸易的比较优势[①]

一、服务贸易地位上升并显现新功能

2005年至2017年中国服务贸易总额在中国国际贸易总额中占比从11.47%上升到14.95%。同期,世界服务贸易总额占世界贸易总额的比重从20.66%提高到23.69%,均提高了3%。

服务可贸易性提升使得服务贸易比重提升。服务贸易比重提升的根本原因在于服务的国际贸易成本下降使其可贸易性提升。多边和双边的自由贸易谈判、自由贸易区建立、知识产权保护的创新带来国际服务贸易的法律壁垒降低。因特网和通信技术的突破性进步和广泛普及带来技术壁垒降低,极大地降低了服务贸易所需的沟通成本,使得服务业所需要的生产要素高度互联互通甚至重新组合,产生了大量的贸易行为。当这种贸易行为跨越国界,就成为国际服务贸易。正是因为互联网和通信技术发展促使服务

[①] 罗立彬,郭芮. 充分挖掘中国服务贸易的比较优势 [N]. 经济参考报,2019-07-03 (06).

贸易成本降低到低于发达国家和发展中国家服务价格的差异，才促使离岸服务外包迅速增长，并成为服务贸易当中越来越重要的组成部分。

新时代产业结构变化为服务贸易提供产业基础。随着新时代我国社会主要矛盾的变化，需求重点将从"可获得性"向"品质、多样性、精神愉悦"过渡。此时，供给侧增量大多与服务业有关，2018年中国服务业增加值占国内生产总值的比重已超过52%，未来还会继续提升；品质及多样性需求的满足需要研发、设计等服务，精神愉悦需求则需要旅游、文娱体育等服务。它们几乎都具备较为明显的规模经济效应，这就会导致两个变化：一是在推动形成全面开放新格局的背景下，中国国内市场的扩大将吸引国外服务提供商进入，带来服务贸易进口；二是中国大市场会为服务提供商提供在竞争中提高质量的机会，形成本地市场效应，促进服务出口。

新业态导致服务贸易新现象和新功能，服务贸易拉动货物贸易的现象开始出现。服务外包"离岸转在岸"，与制造业形成合力，带动制造业形成新贸易优势，体现了以服务外包为形式的服务贸易新功能。近年我国服务外包领域的一个重要现象是"服务出口转内销"，原本承接离岸外包的企业开始转向在岸外包，为国内制造业提供服务并促进制造业转型升级和出口。2006年到2017年，中国在岸外包业务规模从几乎为零迅速增长到464.7亿美元，占外包总业务额比重增至36.84%。这是国内外经济环境以及中国经济优势发生变化的自然结果，但是它对于中国服务业发展、服务业和制造业的产业分工、制造业以及货物出口转型升级以及服务贸易结构升级都有重要意义。

二、中国服务贸易优势转换与结构升级

2005年到2018年，旅游、运输以及与货物贸易相关的传统服务贸易出口比重从73.96%下降到39.86%，同时其他服务出口的比重从26.04%提高到60.14%，上升最快的是"其他商务服务"和"通信、计算机和信息服务"。

人均收入提高使传统比较优势弱化，经济总量扩大带来本地市场效应新优势，带动服务贸易结构升级。过去我国在旅游、运输以及与货物贸易相关的传统服务贸易的优势主要源于低成本劳动力和自然资源，但当前这种优势都在弱化。2006年到2018年，我国人均国内生产总值从16738元上升到64521元，直接导致我国在旅游等传统服务贸易领域的优势弱化。但同时，我国国内生产总值总量也从21.9万亿元增长到90.03万亿元，稳居世界第二。"人均中等、总量第二"的独特国情使我国在逐渐失去低成本优势的同时，培育本地市场效应的新优势。今后我国服务贸易出口优势将逐渐倾向于规模经济效应明显的领域，比如研发、设计、品牌、文娱体育等，说明今后我国服务贸易结构将逐渐升级。

对外投资崛起带动现代服务贸易比重提高。对外直接投资不仅是资金的国际流动，更是知识、技术、管理等市场交易成本较高的资产搭载在资金之上而进行的"一篮子"国际转移。"一带一路"

倡议的提出又促进中国对外直接投资进入新阶段，这将快速带动中国技术、中国设计、中国品牌出口国外。不仅如此，目前中国对外直接投资的行业也集中在服务业，2017年各类服务业所占的比重超过80%，如果说商业存在被认为是服务贸易的一部分，那这部分对外直接投资则直接增加了中国的服务贸易出口。

服务外包的增长带动服务贸易结构升级。作为服务贸易的重要组成部分，服务外包业务结构也经历升级。2006年到2017年，信息技术外包（ITO）占比从68%下降到49%，业务流程外包（BPO）比重从32%降到19%，而知识流程外包（KPO）则从近乎为零提升到32%。作为服务贸易的重要组成部分，服务外包的业务结构升级会带动服务贸易结构整体升级。

传统服务贸易比重下降，新兴服务贸易比重上升本身也是世界范围内的总体趋势。比如2005年到2018年，旅游、运输和与货物相关的服务贸易所占比重从66.64%降低到62.42%，降低了4.22%；同时主要由现代服务贸易所组成的其他服务贸易比重则从33.36%提高到37.58%。

三、新时代推动服务贸易优势转换的战略

目前中国服务贸易领域正处在由传统比较优势向本地市场效应优势转换的过程中，在国内服务需求扩大而供给能力逐渐提升的过程中，服务进口增加在很大程度上是正常现象。但是考虑到不少服务业领域仍然存在可贸易性较低的状况，国内服务业的发展以及服

务市场扩大最终还是会帮助形成服务贸易国际竞争力优势，而服务业扩大开放有助于加快这一优势的形成。比如服务业外商直接投资的进入会带来竞争效应和示范效应，一个全面开放、充分竞争的产业发展环境必然会迅速推动服务业迅速发展，从而加快形成本地市场优势，推动以规模经济为特征的现代服务出口。

继续推进服务外包发展，充分挖掘比较优势，循序推动本地市场效应优势逐渐显现。继续推进离岸服务外包对于中国服务贸易意义重大。首先，它既直接导致服务贸易出口，也是在中国本地市场优势完全形成之前，充分挖掘中国服务领域比较优势的重要方式。其次，离岸服务外包可以带动国内服务业实现高质量发展。一是在与国外服务需求方合作过程中产生的技术外溢有助于提升国内服务业发展水平；二是一旦国内服务需求扩大，离岸外包可以迅速转化为在岸外包，促进国内产业分工，带动国内生产性服务从制造业中分离出来，成长为独立且高效率的生产性服务业，进而带动制造业附加值以及贸易优势转换；三是随着国内生产性服务业和制造业分工协作水平逐渐提高，当中国的制造业企业开始对外投资并在全球形成品牌优势时，相关的服务企业也会跟随出口，从而真正形成由大规模本地市场带动的品牌授权以及知识产权等高附加值服务出口。这一过程需要长期努力，发展服务外包无疑会加速这一过程。

第十七章

影视产品经济特征与中国影视出口"一带一路"国家的途径[①]

一、引言

2013年9月,习近平主席出席上海合作组织比什凯克峰会时提出,构建"丝绸之路经济带"要创新合作模式,加强"五通",即政策沟通、道路联通、贸易畅通、货币流通和民心相通。国家发展改革委、外交部、商务部联合发布的《推动共建丝绸之路经济带和21世纪海上丝绸之路的愿景与行动》中明确指出:民心相通是"一带一路"建设的社会根基。可见,民心相通是"一带一路"倡议的重要目标之一,也是顺利推进"一带一路"倡议实施和发展的重要基础。

文化贸易是实现"一带一路"倡议民心相通目标的重要途径。从营销学角度看,当人们努力将文化产品销售到出口国家市场时,就必须以出口市场为目标市场;从经济学角度看,只有当出口目的

---

① 罗立彬,汪浩. 影视产品经济特征与中国影视出口"一带一路"国家的途径[M]//澳门城市研究. 北京:社会科学文献出版社,2019.

国市场消费者能体会到文化产品的效用时,才有支付意愿。因此,通过对外文化贸易,将包含中国文化元素的文化产品出口到"一带一路"国家,有助于实现"一带一路"倡议中的民心相通之目标。影视文化贸易是重要组成部分,影视文化产品是文化产品中生产和传播效率最高的部分。影视文化产品同时具备规模经济效应和网络外部性的性质,容易产生"赢者通吃"效应,因此一部影视剧一旦取得成功,就会影响到非常大规模的人群和受众。

在中国电视节目领域,最先施行市场化运作的是电视剧。早在改革开放初期的1981年,北京电视台就成立了电视剧制作中心,中国电视剧便开始了制播分离的改革。这使得大量民营企业有机会进入电视剧制作领域,市场准入的放松进而使得中国电视剧产量迅速提升。中国目前是电视剧全球第一大生产国,每年生产的电视剧的播出率大概为60%。[①]

然而,中国电视剧这种激烈的竞争与产量过剩并没有导致出口取得好成绩。对于中国电视剧出口的研究已经多年,结论基本上都是停留在如下几个方面:一是贸易逆差严重;二是出口地区范围有限;三是出口价格低。尤其是最后一点,一直被认为是中国电视剧出口过程中的一个问题。有专家认为中国影视剧应当"抱团出海",以便形成"更强的议价能力"(江勇,2018)[②]。

---

① 董昆,郑洁.电视剧第一生产大国背后的尴尬[N].北京商报,2011 - 03 - 11(05).
② 江勇.题材拓展、抱团发力,中国影视出海能量可期[J].广电时评,2018(2):65 - 68.

本文接下来首先介绍影视产业的某些重要经济属性,其次分析影视产品零定价甚至负定价的理论基础,并分析其可能带来未来高定价的可能性,最后分析中国影视出口"一带一路"的优势与途径。

二、影视文化产品的几个重要经济特征

(一) 生产的规模经济效应非常显著,甚至边际成本低至零

"固定成本与变动成本之比极高"(David Hesmondhalgh, 2006; Rosen, 1981; Burde, 2011)[①]是影视文化产品生产的突出特征,一部电影、一部电视剧在拍摄完成之后,是供一个人观看还是一亿人观看,总成本的变化几乎可以忽略不计,由于边际成本为零,所以零定价就成为可能。近十年来国际文化经济学界对于文化贸易的理论研究,"极为显著的规模经济效应"往往被作为最重要的模型前提假设,甚至在很多理论模型当中,变动成本被假设为零[②]。

(二) 消费的网络外部性

影视产品消费具备网络外部性的特征。有人将消费的网络外部性称为"消费的规模经济效应"(Katz, Shapiro and Carl, 1986)[③],即当下使用某产品的消费者基数越大,该产品吸引力越强。人们发

[①] DAVID H. 文化产业[M]. 廖珮君, 译. 台北:韦伯文化国际出版有限公司, 2006.

[②] FRAACOIS P, YPERSELE T. V. On the Protection of Cultural Goods [J]. Journal of International Economics, 2002, 56 (2): 359 – 369.

[③] KATZ MICHAEL L, SHAPIRO, CARL. Technology Adoption in the Presence of Network Externalities [J]. Journal of Political Economy, 1986, 94 (4): 822 – 841.

现自己所消费的产品被更多人消费时，其从该产品消费中获得的效用会更高（Janeba，2007）[①]。影视文化产品消费之所以具备这种特点，一是由于它具备一定的社交功能（周端明，2005）[②]；二是由于存在搜索成本，在搜索成本较高的情况下，消费者对某一影视文化产品的需求就可能极为集中（Burke，2011）。此时，人们对影视文化产品的需求就成为该产品现有消费者数量的增函数；三是由于影视文化产品消费具备不完全替代性（Rosen and Sherwin，1981）[③]，比如 A 产品质量是 B 产品的两倍，但消费者仍然不认为 2 单位的 B 产品所带来的效应可以替代 1 单位的 A 产品，即质量和数量之间不能相互替代。

（三）正向成瘾性与消费资本的形成

影视文化产品消费还有一个重要原因，是正向成瘾性（positive addiction），即人们对某种形式影视产品的欣赏能力是其过去消费的函数（Stigler, George and Gary，1977）[④]，因此伴随人们对某种影视文化产品消费的累积会形成"消费资本"，使消费者从该类消费中获得的边际效用增加，且在收入和产品价格不变的情况下使人们对该产品的需求曲线右移。例如如果某位消费者从小就接触并收听更多

[①] JANEBA E. International trade and consumption network externalities [J]. European Economic Review, 2007, 51 (4): 781-803.
[②] 周端明. 语言的经济学分析框架 [J]. 江苏行政学院学报, 2005 (3): 31-35.
[③] ROSEN, SHERWIN. The Economics of Superstars [J]. The American Economic Review, 1981, 71 (5): 845-58.
[④] STIGLER, GEORGE, GARY B. De Gustibus Non EstDisputandum [J]. American Economic Review, 1977 (67): 76-90.

的古典音乐，那么和其他消费者相比，他长大后从古典音乐中能够获得的效用就更大；这种接触频率更高所导致的鉴赏能力就进而成为一种消费资本，使这位消费者对于古典音乐产生比别人更大的需求。

消费资本的形成可以通过自我接触，也可以通过社会接触，前者是指个人在生活经历中接触更多，后者指个人周围社会中接触此产品的人数较多。自我接触与人们青少年时期的培训和社会环境有关，而后者则与媒体的传播密度直接相关。应用到影视产业，正向成瘾性和消费资本的概念就意味着，当人们对于某种类型的影视产品产生消费的习惯性偏好，这种产品就更容易受到消费者欢迎。消费资本可以在长期带来回报，也需要通过频繁接触来进行投资积累而成。

（四）消费受到收入和时间的双重约束，其中时间约束是硬约束

影视产品属于体验类产品，与非体验类产品完全不同的是，影视产品的消费在受到收入约束的同时，还受到时间的约束，而且时间约束比收入约束更硬。这是因为人们的收入可以持续增长，时间却不能。每个人所拥有的时间资源是有上限的，时间不可储存、不能创造、不可预支、不可复制，稀缺性是其他任何资源不能与之相比的（江小涓，2018）。任何人同一时间内一般不可能同时观看两部电影或电视剧。对于影视产品来说，供给方竞争的对象不仅包括目标受众的收入，还包括他们的时间；不仅如此，由于时间约束更硬，对于时间的竞争更为激烈。

此外，影视产品普遍采用二次售卖①的方式，很多影视作品不直接向观众收费，而是通过吸引到观众的时间而将注意力售卖给广告商②，从这个角度讲，能否竞争到观众的时间有时候甚至多数时候比能否竞争到观众的收入要更加重要。从消费者角度看，观众在收看影视剧的时候，即使未支付货币成本，也一定付出了时间成本，时间成本很难降低，且收入越高的国家时间的机会成本越高。

（五）国际贸易存在本地市场效应

本地市场效应模型是 Helpman 和 Krugman（1985）提出的一个国际贸易理论，其主要思想是，在一个规模经济效应明显又存在贸易成本的模型当中，本地市场规模巨大会促进本国生产的产品出口，而不是进口。影视文化产品的经济属性以及特征被广泛认为符合本地市场效应模型的假设，它具备明显的规模经济效应，"固定成本与变动成本之比极高"（David Hesmondhalgh，2006）；虽然"运输成本"小，却存在"文化折扣"（Hoskins and Mirus，1988），从而构成贸易成本。

---

① "二次售卖"是指媒体经营过程中，经由两次销售来完成整个销售过程的售卖形式。喻国明．传媒影响力——传媒产业本质与竞争优势［M］//于文谦，张琬婷．二次售卖理论视角下大型体育场馆运营模式研究［J］．山东体育学院学报，2017，33（2）：16-21．
② 媒体经济学研究者认为将观众的注意力卖给广告商的"第二次销售"一般是媒体收入的主要来源。于文谦，张琬婷．二次售卖理论视角下大型体育场馆运营模式研究［J］．山东体育学院学报，2017，33（2）：16-21．

三、影视文化产品出口定价：为何出现低价、零定价甚至负定价

上文讲到的影视节目生产的经济特征，决定了影视文化产品的出口定价具备如下鲜明特征。

（一）可以根据不同目标受众的需求价格弹性进行歧视定价

影视文化产品供给侧所具备的极为显著的规模经济效应，使其边际成本有时可以低至零，因此影视产品可以进行差异化的"歧视"定价。对于低收入的支付能力较低的国家或地区制定低价，而对于高收入、支付成本较高的国家或地区制定高价。

（二）零定价出现及其必要性

出口商不仅可以根据目标受众收入和需求弹性状况进行歧视定价，必要的时候可以进行零定价。这是因为它们在国内或者在过去的时间里已经完全收回成本，甚至有所赢利，因此零定价出口只是为了培育出口目的国的市场，使其对其影视产品产生兴趣或者正向成瘾性，进而形成消费资本，为未来同类型产品正定价出口打下基础。

（三）负定价的出现及原因

不仅零定价成为必要，有时候甚至负定价也成为必要，原因就是前文提到的时间成本、理性成瘾和消费资本效应。

首先，由于影视消费面临收入和时间双重约束，消费者支付的成本也就包含货币成本和时间成本两个部分。影视节目的零定价甚至负定价只能说明消费者支付的货币成本等于或者小于零，但是时

间成本不能省,所以观众的机会成本仍然有可能大于零。处于竞争性市场中影视作品首先竞争的是观众的时间以及频道的档期,然后才是观众手中的货币。

其次,影视产品二次售卖的特点意味着,观众对于影视产品所投入的时间或者注意力有可能带来货币收入,对于竞争中的影视作品而言,在观众时间竞争中如果取得成功,就为进一步获取货币收入带来基础。从这个意义上讲,零定价或者负定价是在时间竞争中的投资,都是理性的。比如,自2013年起,埃及国家电视台(ERTU)陆续播出《金太狼的幸福生活》《媳妇的美好时代》《父母爱情》等中国电视剧,收视率创2.8%、3.2%、3.8%的历史新高。于是埃方主动与中方洽谈广告合作,百度和长安汽车等中资企业在《媳妇的美好时代》等节目播出贴片广告,产生良好广告收益(丁淑红,2018)[1]。

最后,即使零定价或者负定价在短期无法带来任何二次售卖的收入,它还是可以被看作一种投资,目的是形成消费资本。如果负定价可以使电视节目更加频繁地出现在电视频道,并增加观众与节目的接触频率,就有可能培育观众的正向成瘾性,从而形成一种消费资本,并带来更多未来的潜在收益。从这个角度看,负定价可以看作一种投资。

---

[1] 丁淑红. 阿拉伯地区电视业发展特点及我对阿传播策略研究[J]. 中国广播电视学刊, 2018 (9): 107-109.

（四）何时低价、零定价甚至负定价

综上所述，我们认为在如下情况下——出口目标市场竞争激烈、收入水平较低、对出口国文化产品不熟悉、尚未形成收看出口国影视作品的习惯，影视产品出口实行低价、零定价甚至负定价是理性的。此时，影视出口商无论是出于短期收入最大化，还是为了长期培养出口目的国对影视产品的消费习惯以形成消费资本，都适合低价，甚至零定价或负定价。

四、"一带一路"国家影视文化市场特征决定了中国影视产品的低价策略

不少国家为中低收入国家。"一带一路"沿线国家中有不少属于发展中国家，经济发展水平不高，对文化产品的需求有限。根据世界银行的标准，在"一带一路"64个国家中，中低收入和低收入国家有27个，中高收入国家为20个，高收入国家为17个，如表17-1所示。中低收入国家和低收入国家的比重是最高的。这些国家收入水平较低，对文化产品本身的市场需求水平较低。以互联网普及程度为例，由国际电信联盟和联合国教科文组织联合设立的宽带数字发展委员会发布的2015年版《宽带状况报告》的数据显示，截至当时，全世界已有32亿人可以联网，相当于全球总人口的43%。但是在"一带一路"沿线的27个中低收入和低收入国家中，每100人能上网人数平均值为25，其中有15个国家的数字低于全球平均数，最低的东帝汶，每100人当中的互联网用户只有1.1个。

表 17-1　"一带一路"沿线国家相关情况（2016 年）

"一带一路"沿线国家		人均国内生产总值（现价美元）	服务业占增加值占国内生产总值比重	互联网用户（人口百分比）	收入类别
中亚5国	哈萨克斯坦	7713.6	61.3	76.8	中高等收入
	吉尔吉斯斯坦	1077.0	55.9	34.5	中低等收入
	塔吉克斯坦	795.8	——	20.5	中低等收入
	乌兹别克斯坦	2110.6	49.5	46.8	中低等收入
	土库曼斯坦	6389.3	——	18	中高等收入
蒙俄	蒙古	3694.1	50.5	22.3	中低等收入
	俄罗斯	8748.4	62.8	76.4	中高等收入
东南亚11国	越南	2214.4	45.5	46.5	中低等收入
	老挝	2353.1	48.0	21.9	中低等收入
	柬埔寨	1269.9	41.6	25.6	中低等收入
	泰国	5910.6	55.8	47.5	中高等收入
	马来西亚	9508.2	53.0	78.8	中高等收入
	新加坡	52962.5	73.8	81.0	高收入非经合组织
	文莱	26939.4	41.5	75.0	高收入非经合组织
	印度尼西亚	3570.3	45.3	25.4	中低等收入
	菲律宾	2951.1	59.5	55.5	中低等收入
	缅甸	1195.5	39.5	25.1	中低等收入
	东帝汶	1405.4	——	25.2	中低等收入
南亚8国	印度	1709.6	53.8	29.5	中低等收入
	巴基斯坦	3527.6	56.0	15.5	中低等收入
	孟加拉国	1358.8	56.5	18.2	中低等收入

续表

"一带一路"沿线国家		人均国内生产总值（现价美元）	服务业占增加值占国内生产总值比重	互联网用户（人口百分比）	收入类别
南亚8国	阿富汗	561.8	55.4	10.6	低收入
	尼泊尔	729.1	52.3	19.7	低收入
	不丹	2773.5	39.2	41.8	中低等收入
	斯里兰卡	3835.4	62.2	32.1	中低等收入
	马尔代夫	10118.1	82.0	59.1	中高等收入
中东欧19国	波兰	12421.3	63.6	73.3	高收入经合组织
	捷克	18491.9	59.9	76.5	高收入经合组织
	斯洛伐克	16535.9	61.5	80.5	高收入经合组织
	匈牙利	12814.9	65.1	79.3	高收入经合组织
	斯洛文尼亚	21652.3	65.5	75.5	高收入经合组织
	克罗地亚	12160.1	69.8	72.7	中高等收入
	罗马尼亚	9519.9	63.3	59.5	中高等收入
	保加利亚	7469.0	67.0	59.8	中高等收入
	塞尔维亚	5426.9	60.8	67.1	中高等收入
	黑山	7023.5	71.8	69.9	中高等收入
	马其顿	5237.1	60.4	72.2	中高等收入
	波黑	4995.0	——	——	中高等收入
	阿尔巴尼亚	4125.0	53.4	66.4	中高等收入
	爱沙尼亚	17727.5	70.5	87.2	高收入经合组织
	立陶宛	14879.7	68.0	74.4	高收入非经合组织
	拉脱维亚	14,064.7	74.7	79.9	高收入非经合组织
	乌克兰	2185.7	59.2	52.5	中低等收入

续表

"一带一路"沿线国家		人均国内生产总值（现价美元）	服务业占增加值占国内生产总值比重	互联网用户（人口百分比）	收入类别
中东欧19国	白俄罗斯	4986.5	56.0	71.1	中高等收入
	摩尔多瓦	1900.2	71.4	71.0	中低等收入
西亚、中东19国	土耳其	10862.6	61.0	58.3	中高等收入
	伊朗	5219.1	55.0	53.2	中高等收入
	叙利亚	——	——	31.9	中低等收入
	伊拉克	4609.6	——	21.2	中高等收入
	阿联酋	37622.2	——	90.6	高收入非经合组织
	沙特阿拉伯	20028.6	54.0	73.8	高收入非经合组织
	卡塔尔	59324.3	47.6	94.3	高收入非经合组织
	巴林	22579.1	59.9	98.0	高收入非经合组织
	黎巴嫩	8257.3	79.5	76.1	中高等收入
	科威特	27359.2	51.1	78.4	高收入非经合组织
	阿曼	14982.4	50.5	69.8	高收入非经合组织
	也门	990.3	42.2	24.6	中低等收入
	约旦	4087.9	66.8	62.3	中低等收入
	以色列	37175.7	77.9	79.8	高收入经合组织
	巴勒斯坦	3527.6	——	——	中低等收入
	亚美尼亚	3614.7	54.8	62.0	中低等收入
	格鲁吉亚	3865.8	66.1	50.0	中低等收入
	阿塞拜疆	3876.9	42.3	78.2	中高等收入
	埃及	3477.9	55.2	39.2	中低等收入

数据来源：世界银行数据库

在中等收入以上的国家和经济体当中，绝大多数与中国的文化距离较远，对中国文化并不熟悉。文化距离是我们广泛被引用作为评价不同国家文化差异性的定量化指标，其中 Geert Hofstede Cultural Dimensions（2006）[①] 是一种接受度比较广的测度方法，我们运用这一方法对"一带一路"沿线国家与中国的文化距离进行测算，发现东南亚国家与中国文化距离最近（1.21），其次分别为南亚国家（1.84）、蒙俄和中东欧国家（2.55）。而"一带一路"沿线的高收入经济体中，除了泰国、马来西亚、新加坡和文莱属于与中国文化距离较近的东南亚国家之外，其他绝大多数属于中东欧、西亚及中东国家，还有一个属于南亚（马尔代夫），这些国家与中国的文化距离较远，对中国文化不熟悉，中国的影视产品出口到这些国家会遭遇较大的文化折扣。

更重要的是，"一带一路"沿线国家影视市场竞争已经很激烈，除了本土电视台和电视节目之外，一些国际型的电视频道已经占据了主流市场。比如在非洲电视市场开拓取得良好成效的中国四达时代集团副总经理赵月琴称，在四达集团进入非洲大陆之前，非洲的电视市场已经被西方所控制的三大传媒集团——英语区的 Naspers 集团、法语区的 Vivendi 集团、葡语区的 Nos 集团所垄断，主流人群接收的都是西方国家的价值观（赵月琴，2017）。中国影视剧如果直接针对主流人群市场，将面临非常激烈的竞争，电影领域也是如此。

---

① 来源于 Clearly Cultural 官网。

综上所述，从"一带一路"沿线国家市场的收入状况、文化距离以及竞争状况看，中国影视剧出口"一带一路"国家过程中，实施低价策略，甚至零定价策略都是可以理解的。甚至可以说，在这种情况下，低价、零定价甚至暂时的负定价策略还有利于培养当地人对中国影视剧的观赏习惯，增强当地观众对中国影视剧的接受度，为未来提高价格打下良好的基础。

五、中国影视出口"一带一路"国家潜在优势明显，当前低价策略有利于未来挖掘潜力

（一）中国影视出口"一带一路"国家潜在优势明显

虽然当前中国影视出口"一带一路"国家并不能称作顺利，但是中国具备非常显著的潜力优势，这种潜在优势如果能够被有效地挖掘，未来中国影视出口"一带一路"国家将取得重要进展。

中国国内市场巨大、文化特征鲜明，这是具备决定性的优势。本地市场效应理论在解释影视传媒贸易现象时，具备强大的解释力。根据这一理论，在其他条件相同时，一个经济体本地市场规模越大、文化特征越明显，其影视产品出口潜在优势就越大。中国是同时具备这两个重要特征的国家。中国目前是全球第二大经济体，且仍然保持较高的经济增长速度，中国国内巨大的市场加上与欧美国家不同的文化特色，会支撑具备中国文化特色的影视作品获得更大规模的投资，提高质量并促进出口。这是中国影视作品出口的决定性潜在优势。比如由于无法忽视中国巨大的潜在市场，全球最大的流媒

体"网飞"已经引进至少 8 部中国的影视剧版权，面向全球 190 多个国家和地区放映，其中就包括"一带一路"沿线国家。

汉语国际影响力提升为中国影视产品出口提供优势。中国经济实力增强大大提升了全球对汉语的需求。中国是世界第二大经济体、第二大对外直接投资国、第一大贸易国、第二大电影市场、第一大出境游客源来源国，使汉语越来越成为工作技能和商务语言。同时，到中国求学的留学生日益增多。中国文化市场也吸引外国人士用汉语来开拓。加上政府在推广汉语方面的努力，会使汉语以及华语影视节目的国际影响力提升。

（二）当前的低价策略，甚至零定价或负定价策略有利于未来中国挖掘潜力，应当得到鼓励

低价策略，甚至零定价或负定价策略有助于中国影视节目与其他国家的竞争者争夺观众的时间，而正如本章前面所述，对于影视产品消费而言，"时间是硬约束，是最为稀缺的资源"，能够在争夺目标受众时间方面取胜，就为未来争夺目标受众的收入奠定了最为重要的基础。更为重要的是，低价策略，甚至零定价或负定价策略有助于增加目标受众接触中国影视节目的机会并提高频率，帮助他们形成对中文电视节目的消费习惯与偏好，进而形成消费资本，为未来中国影视节目在国内发展壮大之后实现出口奠定最为重要的基础。

第十八章

中国电影市场高质量发展阶段：新特征与战略[①]

"十三五"规划中明确将"文化产业成为国民经济支柱性产业""提升中华文化国际影响力"作为重要目标。电影产业是核心文化产业的重要组成部分，并且在很大程度上发挥"龙头作用"。一个发展成熟、健康的电影产业的影响力不仅体现在其产业本身，对于提升一国文化软实力、提升一国其他产业产品的国际影响力也具有重要促进作用。国家对于电影产业的发展十分重视，2016年针对电影产业出台了《中华人民共和国电影产业促进法》，重视程度可见一斑。近年来中国电影产业发生了一些重要的变化，种种迹象表明，中国电影产业的发展在相当大程度上遵循多数产业发展周期内的一般规律，但是同时也具备电影产业自身的独特特征。在这种情况下，对中国电影产业发展阶段进行判断，对其阶段性特征进行预测并提出有针对性的建议，就显得十分重要。

---

① 罗立彬，王牧馨. 中国电影市场高质量发展阶段：新特征与发展战略［J］. 经济研究参考，2019（10）：9.

一、中国电影市场进入新阶段：高速增长到高质量发展

2016 年以来，中国电影票房结束了多年的高速增长，开始放缓。2015 年之前中国电影票房年增长率从未低于 27%（罗立彬、刘尧尧，2018），但是 2016 年显著下降，低至 3%，之后虽有提高，却再也没有回到 2015 年之前的高增长率（见图 18-1）。我们的研究表明，这种增速放缓并非一个短期现象，而是一个较为长期的趋势。世界各国电影票房占全球的比重与其国内生产总值占全球比重的水平相当，图 18-2 给出了 2017 年世界票房排名前 20 的地区，可以明显看出这种趋势。但是，2015 年前，中国电影票房占世界比重一直低于国内生产总值占全球的比重，如 2004 年，中国票房比重占全球 0.7%，远低于中国国内生产总值占全球 4.5% 的比重，说明当时中国电影票房具备非常大的潜力，这也是中国电影票房具备高速增长潜力的基本原因。由于本身具备业已存在的需求潜力，因此在 2015 年之前，中国电影票房的迅速增长主要依靠新增的影院和银幕数来拉动。但是到了 2015 年，中国电影票房和国内生产总值占世界的比重分别达到 18.5% 和 14.9%，前者首次超过后者，这是中国电影票房在 2016 年开始增长放缓的根本原因。我们将电影票房比重与国内生产总值比重之间的比进行指数化处理，并将其定义为"票房指数"，这一指数大于 100 时，说明电影票房比重已经超过国内生产总值比重，表 18-1 列举了世界范围内电影票房最高的前 20 个市场的票房指数情况。可见，2013 年以来，中国的票房指数提升是最快

的，排名从 2013 年的第 14 位提升到 2017 年的第 5 位。到 2017 年中国的电影票房指数已经达到 128，高于前 20 大电影市场的平均数。如果说 2015 年之前中国电影属于"补偿式"增长，那么 2015 年之后中国电影票房很难再回到之前那种超高速的补偿性增长状态了。今后中国电影票房的增长率将与名义国内生产总值增长率基本持平或者略高一点。与此同时，中国电影市场与电影产业发展也进入了高质量发展的新阶段。

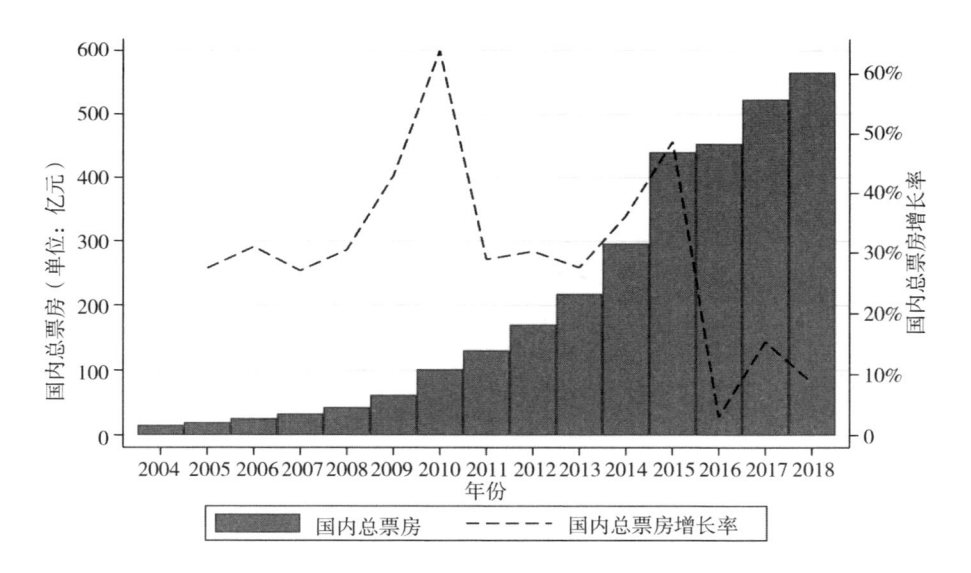

图 18 – 1 2004—2018 年国内电影总票房基本情况

数据来源：《中国统计年鉴》各年

全球化与贸易：中国优势与机遇　>>>

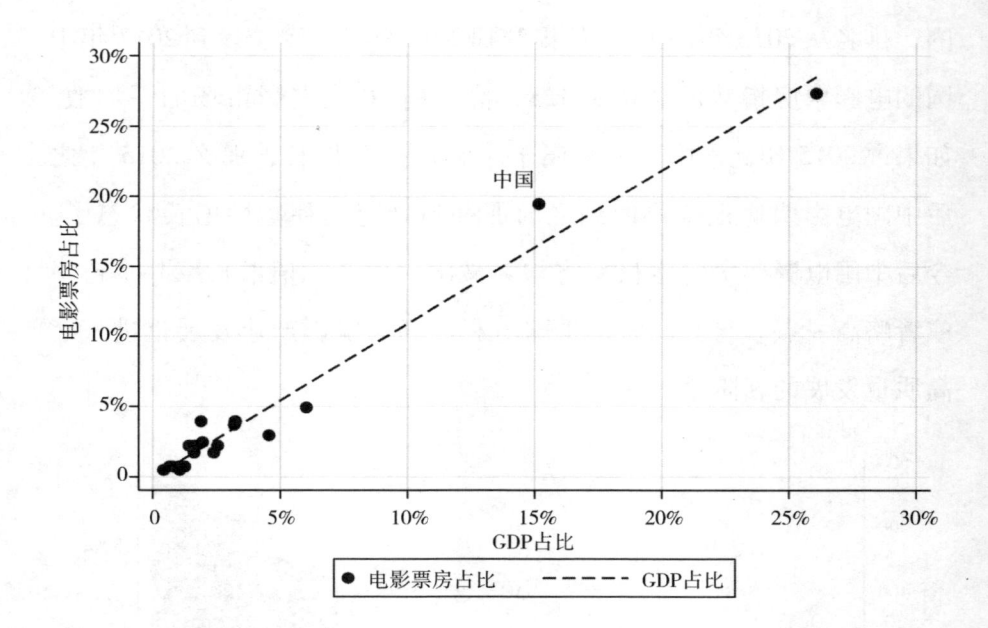

图 18-2　2017 年国内票房总额世界排名前 20 国家电影票房与国内生产总值的全球占比

数据来源：作者根据 MPAA 报告中数据以及 UNCTAD 中数据计算而得

表 18-1　2013—2017 年国内票房总额世界排名前 20 位的国家（地区）的票房指数

国家	2013 年	2014 年	2015 年	2016 年	2017 年
澳大利亚	154	149	142	147	135
巴西	078	71	76	76	87
中国	080	98	118	116	128
法国	122	137	112	128	116
德国	074	72	75	62	65
印度	167	179	146	164	122
意大利	080	80	74	74	72

续表

国家	2013年	2014年	2015年	2016年	2017年
日本	100	89	80	79	82
韩国	229	245	211	209	208
马来西亚	132	—	—	—	—
墨西哥	153	150	153	146	156
荷兰	74	74	77	76	72
俄罗斯	134	128	117	107	126
西班牙	110	110	97	111	106
瑞典	74	75	—	—	—
瑞士	62	—	57	—	—
土耳其	78	81	54	46	47
英国	134	122	129	126	121
北美	139	128	119	111	105
平均	114.4	116.9	108.1	111.1	109.3

数据来源：作者根据 MPAA 报告中数据以及 UNCTAD 中数据计算而得

二、中国电影进入高质量发展阶段的阶段性特征

（一）电影票房规模及其增速变化为产业发展带来的变化：一个理论分析

之所以用票房规模增长率的阶段性变化作为划分电影产业与市场阶段的依据，是因为从理论上来说，一国电影票房总规模及其增长率的变化会影响到电影产业从业者行为的重要变化。对于任何行业而言，市场规模对于产业发展都具备非常重要的意义。然而由于电影产业的特殊属性，票房总额及其增长率对于一国电影产业的发

展具备尤其重要的意义。

  1. 电影生产的三个典型特征决定了本地市场规模至关重要。一是电影生产具备显著的规模经济效应，因此具备"目标受众规模最大化"导向（David Hesmondhalgh，2013）。此外，商业电影也具备"二次销售"的性质，除了票房收入外，广告也是重要收入来源，需要较大的目标受众群体来获得更多广告收入。"目标受众规模最大化"的导向会促使商业电影的生产要以需求为导向，相互竞争来获得观众的支持。二是电影消费存在"文化折扣效应"（Hoskin and Mirus，1988），决定了人民更加偏好本地生产或者具有本地文化元素的产品，因此本地市场规模从根本上决定了本国电影的生存环境。三是电影消费具备"网络外部性"，一部电影一旦形成了较好口碑，就有利于"赢者通吃"，这些都与一国电影市场总规模有关。

  2. 在全球化的背景下，本土电影市场规模大小可以决定一国文化的国际影响力。由于电影的生产要素具备较强的国际流动性，如果一部电影是以全球观众为目标市场，那其中的文化元素构成就会受到票房规模较大的单一文化市场的影响，此时一国电影票房规模大小对于本国文化的国际传播能力就有直接影响。电影票房规模大的国家市场就可以吸引以全球观众为目标市场的电影加入本国文化元素，并在面向全球放映的过程中将本国文化元素传播到全世界。以张艺谋导演的电影《长城》为例，在2016年12月11日，原载于《扬州晚报》的《张艺谋现身上海，解析〈长城〉四大疑点》中所述幕后创作团队共有1300多人，来自37个不同国家，为了协调语言，剧组配备了几十名翻译。这样一部电影之所以以中国故事为基础，很大程度上是因为中国电影市场足够大；而随着这部电影在全球 60 多个国家和地区放映，其中的中国文化元素也随之传播到世界各地。近年来中国电影市场规模占全球比重的提高，已经吸引着好莱坞电影越来越多地加入中国文化元素，并在全球发行①。

3. 整体票房规模是单个电影票房成绩的重要支撑，也是电影投资者对电影投资规模进行预测的重要基础，而后者常常成为电影质量水平的衡量指标②，也在很大程度上决定了一部电影的出口潜力。比如 2017 年暑期电影《战狼 2》票房成绩取得巨大成功，在中国大陆票房已经超过 56 亿元，成为 2017 年全球单一市场票房排名第一且历史上排名第二的电影。这在很大程度上是因为中国电影市场整体规模大。如果在 20 年前的中国大陆，一部电影就算做得再好，也很难取得《战狼 2》今天的票房成绩。近年来全球电影票房排行榜上中国电影的数量逐年增多，排名也越发靠前，《战狼 2》是其中一个典型代表。

4. 本地市场规模及其增长率是本国电影出口潜力的最重要决定因素。首先，由于电影生产的规模经济效应以及文化折扣的存在，本地市场规模大的国家有助于提升本国电影的投资额和质量，发挥本地市场效应，增加本国电影的出口可能性。其次，本地市场增长

---

① 罗立彬. 中国市场深度影响好莱坞"审美观"[EB/OL]. 中国社会科学网, 2019 - 02 - 04.
② 用投资额作为文化产品质量的替代指标是学术界的惯常做法。

率对于本国电影出口能力发挥更为重要的决定作用。当本国电影市场仍处于快速增长的成长期时，出口就不会成为本国电影最重要的目标；只有当本国电影市场进入增速放缓的成熟期时，本国电影才会开始感受到出口的重要性和动力，国外市场也开始成为本国电影的目标市场之一。

5. 电影票房增长率决定了电影商业模式的创新和变迁。票房是电影市场最初阶段的主要收入来源，当票房增长迅速时，其他收入来源的必要性和紧迫性较弱；但是电影票房产生于电影院，电影又属于体验式的服务，因此受到空间和时间的双重约束，世界各国电影票房占国内生产总值的比重都不到0.1%，但是电影的影响力绝非单纯通过票房体现出来的。当票房增长放缓时，就会倒逼出新的商业模式来扩展收入来源。

（二）中国电影进入高质量发展阶段的阶段性特征

当前中国电影市场具备两个非常重要的特点：一是规模已经非常巨大，占据全球20%的份额，是全球第二大电影市场；二是增速开始放缓。这两个特征加在一起，将引起中国电影市场发生重要变化。

1. 国产与进口电影之间相互挤出的效应会更为明显，而国产片在竞争中显示出优势。在高速增长阶段，国产电影和进口电影都有较大的增长空间，两者不会出现明显的互相挤出效应。2004年到2015年，中国国产片以及进口片票房年均增长率分别为37.30%和32.92%，都非常高；但是在2016年之后开始出现分化，2016年和

2017年都是进口片增长率远高于国产片,但是2018年两者的态势出现明显逆转,进口电影票房出现了负增长,而国产电影票房增长速度远高于进口电影,使国产电影票房比重达到62%的新高(见图18-3)。中国国产电影在竞争中具备如下优势:具备较大的国内市场支撑,为国产电影留有空间;中国具备文化独特性,可以形成自己的特色;中国政府对于电影产业实施灵活的政策;一个全球化的外部环境和多层次优势互补的国内文化市场体系可以帮助国产片利用各种途径提升质量和竞争力。近年来的很多典型事实表明,国产片正在充分利用上述优势提升质量和竞争力,与进口片展开了激烈的竞争,并逐渐产生优势。

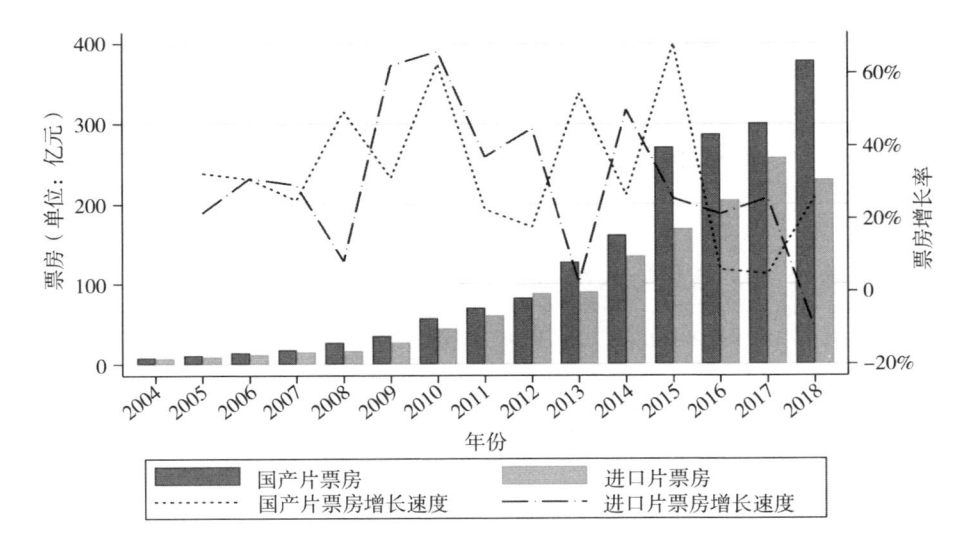

图 18-3 2014—2018 年国产票房与进口票房的对比

资料来源:作者根据国家统计局和猫眼专业版 APP 上的数据整理

注:本图所有年份的票房都是不包含影院服务费的票房

2. 进口电影加入更多中国文化元素来"讨好"中国市场，推动中国文化元素走向国际。中国市场规模已经占据世界20%左右，好莱坞大投资电影对此完全无法忽视；同时中国电影票房增速放缓，又使进口电影面临越来越激烈的国产电影竞争，因此好莱坞全球大片会有更多的中国制片公司加入合拍，也会加入更多中国文化元素来拉近与中国观众的文化距离。近年来，中国企业参与全球电影大片制作与发行的案例越来越多，这说明中国企业在全球电影市场上的影响力在提升。自从2014年《变形金刚4》上映以来，好莱坞以全球市场为目标市场的大预算电影当中为了中国市场而加入中国元素的现象频繁出现，而且在最近两年愈加明显。目前在中国大陆上映的好莱坞大预算电影中，几乎全部带有中国元素，且相当一大部分有中国电影公司的投资介入。以2018年为例，《古墓丽影2》中的吴彦祖和香港取景，《巨齿鲨》中的李冰冰和三亚，《神奇动物在哪里2》中的中国神兽，《毒液》中的华人超市和唐人街，《极限营救》中的香港取景和华人演员，动画片《雪怪大冒险》中的汉字、汉语背景等，这些有中国元素的电影在全球近百个国家和地区上映，将中国元素传播到世界各地。可以预见的是，随着中国经济总量和中国电影市场的继续增长，以及竞争日益激烈，今后以全球市场为目标市场的大预算电影很可能越来越多的是有中国公司参与投资并带有中国文化符号的合拍电影，中国市场在全球份额和地位的提升也大大提升了亚裔电影人在世界电影业的地位和机会。

3. 国产电影通过多种方式进一步提升质量，完全进入高质量发展阶段。票房增速放缓和竞争日益激烈会倒逼国产电影提升质量。我们计算了 2011 年到 2018 年中国电影票房排行榜排名前 20 位电影的猫眼评分和豆瓣评分情况，这些电影票房总和占当年全国票房的 45.8%~57.5%，可以代表观众在中国影院里所观看到的电影，这期间在中国大陆上映的国产电影评分中整体呈现先下降后上升的趋势。例如，国产电影豆瓣评分在 2017 年之间整体处于下降趋势，但是 2018 年迅速上升为多年来的最高水平（图 18-4）。

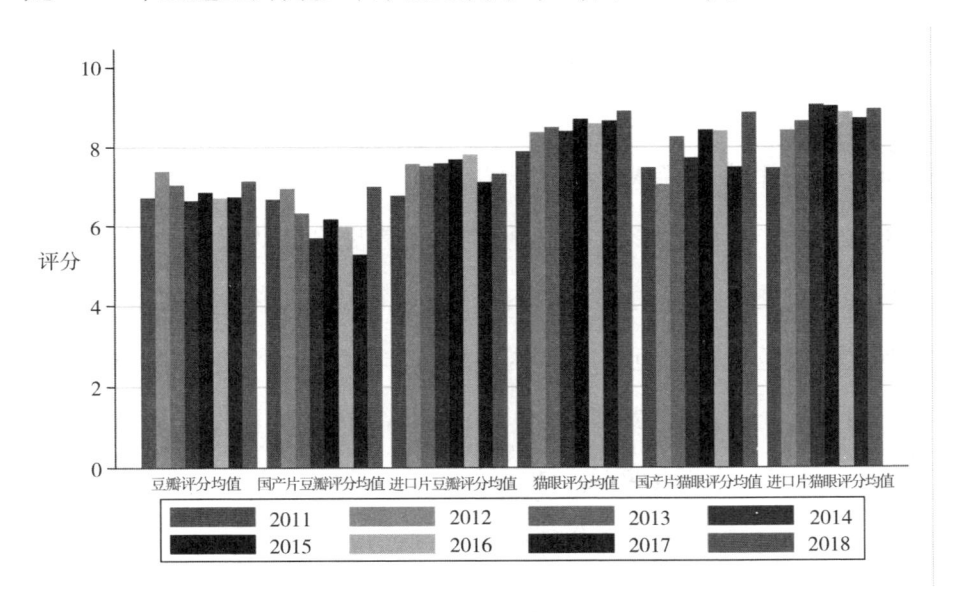

图 18-4　2011—2018 年中国电影票房排行榜前 20 位电影的评分情况

资料来源：作者根据网络资料整理所得

国产电影提升质量包括如下方式。一是引进国外优秀电影版权并进行本土化改编。2018 年以来一些成绩不错的国产电影都是通过这种模式，如《情圣》《来电狂响》《大人物》《找到你》等，这些电影都是翻拍于国外已经取得良好口碑的电影，在一定程度上已经经受住了市场的考验，同时又加入了符合中国国情的改编，充分利用国际化和本土化双重优势，产生了口碑和票房的双丰收，今后这种情况还会继续出现。二是热门话剧改编作品。和国外版权改编类似，能够在话剧这种小众市场上获得大众化的成功，一般都是有较高质量保障的。近年来开心麻花的几部热门电影作品都是翻拍于话剧作品，如《夏洛特烦恼》《驴得水》《羞羞的铁拳》《李茶的姑妈》等，此外2018年取得优异票房和口碑成绩的《无名之辈》也是话剧改编的作品。三是改编有影响力的原创作品。如2019年引起热烈关注的国产科幻电影《流浪地球》就是改编自刘慈欣的同名小说作品。四是更加重视通过在国内外电影节上展映或者获奖来增加自身登上院线的机会。近年来中国电影在国际上获奖或者提名的次数有所回升就是证明，2017年中国电影在电影节上获奖300多次，2018年10月前获奖180次。2018年10月前在中国内地院线上映的电影中，曾经获得或提名各种奖项的国产电影数量增加，比重达到22.9%[①]，这是因为院线竞争日益激烈，没有奖项的电影登陆院线越来越难。五是通过系列电影来形成电影品牌或者IP，品牌效应带来的风险降低效应和分销优势可以支撑更大规模的投资来提高电影的质量。近年来中国已经形成了《战狼》《唐人街探案》《盗墓笔记》

---

① 作者通过网络查询全球各大电影节获奖电影数据计算获得。

《湄公河行动》等电影品牌或者IP，这些电影都取得了很好的票房成绩和口碑，有望形成系列电影，这有助于降低不确定性，提升电影的质量。

4. 国产电影出口可能迎来机遇期。第一，在国内票房市场高速增长的阶段，国产电影开拓国际市场所放弃的很可能是国内市场的机会，机会成本很高；而当国内电影票房增长放缓，制片方就有动力去主动开拓国际市场。第二，国内市场竞争加剧，也促使国内电影增加投入并提高质量，发挥本地市场效应，"溢出"到国外市场，国内电影一些重要档期也开始发挥国际影响力[①]。第三，中国经济的发展及其在全球地位的提升也在提升国际上对于中国文化以及文化产品的关注度，"猎奇心理"在逐渐发挥更大作用，推动中国优秀电影在国外受到关注。第四，网络与数字时代的到来为中国电影"走出去"提供全新机遇。在网络与数字空间，中国具备巨大的市场优势，中国除了有全球第二的经济总量之外，还有全球第一的网民数量。截至2018年6月，中国网民数量达8.02亿，互联网普及率57.7%，手机网民7.88亿，网络直播用户4.25亿，人均周上网时长27.7小时，其中网络视频用户6.09亿，手机网络视频用户5.78亿。从文化产品消费理论研究中经常提到的"时间约束"和"收入约束"两个方面看，中国网络视频以及网络电影的规模全球领先。这使得关注全球市场的视频网站不可能忽视中国这个巨大的市场，典型的例子就是网飞（Netfix），近

---

① 如春节档期的电影对国外的华人产生较大影响。

年来开始引进中国国产影视剧的全球版权，包括网剧《白夜追凶》《河神》《无证之罪》，还包括网络大电影《杀无赦》，动画电影《熊出没之熊心归来》等，在国内外都引起热议的中国科幻电影《流浪地球》也被网飞购入并将翻译成 28 种不同的语言播放。网飞巨大的影响力使这些影视剧直接可以在 190 多个国家被看到，这一方面说明中国影视剧的质量有所提升，中国市场已经成为全球市场中不可忽视的一部分；另一方面网络空间明显的规模经济效应和范围经济效应使得网飞需要尽可能获得更多影视剧的全球版权以增加网站上作品的多样性。第五，中国电影企业的国际资源配置能力以及国际影响力的提升有助于国产电影的国际发行。近年来中国电影企业收购了一些国外院线，为国产电影的海外发行打下了不错的基础，只要国产电影质量提升到一定程度，或者引起一定程度的关注度，就可以迅速开展国际范围内的放映。

三、高质量发展阶段的中国电影产业发展战略

第一，应当谨慎推进影院建设。目前中国的银幕数量已经是全球第一，但是根据我们的研究，中国电影票房已经不是通过提供更多影院和银幕这种"粗放型"供给策略可以提升的了，而更多需要依靠提高电影质量来提升。中国电影市场已经从高速增长阶段过渡到高质量发展阶段，今后在不提高影片质量的情况下，单纯增加影院数量，并不会增加观影人数，反而将给影院经营带来较大风险。根据我们的研究，中国单位银幕票房从 2016 年开始就已经下降，2018 年以来部分

院线经营出现困境甚至退出市场的现象就说明了这个问题。

第二，加强知识产权保护，开拓国内多种市场。国内电影市场收入会成为支撑国产电影出口竞争力的最重要的方面，这是因为电影具备规模经济效应，出口的本地市场效应显著，因此最大限度地开发国内电影市场是最重要的事情。然而，电影市场从来都不仅仅是票房。电影票房只能在电影院里产生，既受到土地的空间约束，又受到观众所拥有的时间约束，同时又受到消费者的收入约束，因此票房增长总是有极限的，在世界各国，电影票房占国内生产总值的比重都是一个相对固定且非常小的一个数，小到甚至可以忽略不计。电影产业对一国的影响以及其重要性不是完全可以通过票房来体现的。一国电影产业要持续发展，就需要票房之外的其他收入来源；需要用电影从观众那里争夺来的时间来培育一些不受时间硬约束影响的产品的市场，现实中就体现在电影衍生品市场的增长。在中国，电影衍生品市场仍然没有得到很好的开发，如果有衍生品市场的开发，中国电影就可以支撑更大规模的投资，这又反过来提升电影的国际竞争力，提升其开拓国外市场的可能性，从而形成一个良性循环，不断推进中国电影目标市场扩大。衍生品市场的形成需要切实有效地对电影形象授权进行保护与管理，没有高效率的知识产权保护系统的支撑，电影衍生品市场发展必然受阻。

第三，继续渐进式地扩大电影市场对外开放。这对于中国电影出口具有非常重要的意义。电影出口有两种模式：第一种是以国内市场为基础，发挥本地市场效应，让本土市场支撑的电影可以跨越文化折扣，"溢出"到国外市场；第二种是通过加入较多的国外文化元素，来拉近与出口目的国的距离。我们认为第一种更接近于真正意义上的本土电影出口，第二种虽然也可以计入本土电影出口成绩当中，但是由于文化背景和元素比较复杂，甚至电影故事的主角都是国外的，很难与国外电影相区分，也没有向全世界传播更多的中国文化。而第一种情况则需要进一步推进渐进式的扩大开放，为国产电影提供适宜的竞争环境。事实证明，中国电影有强大的生命力，伴随着国产电影质量的提升以及观众欣赏水平的提高，中国也越来越需要一个国际化的竞争环境来催生国际水准的国产华语电影。今后，中国国产的华语电影会在中国国内打败进口电影，并且随着中国电影市场的开放度不断提升，中国电影的竞争力也会逐渐提升到可以出口的程度。2019年引发国内外热议且票房超过40亿元的中国科幻电影《流浪地球》就是一个很好的例证。《流浪地球》导演郭帆说，"没有考虑任何国际市场，或者国际观众""我先服务中国观众"，但是根据美国著名电影票房网站 boxofficemojo.com 的数据显示，这部电影的北美票房达到489.87万美元，是近五年来国产电影海外票房最高的电影（参见网易娱乐：《流浪地球》登顶近五年中国电影北美票房榜）。这一方面说明中国电影越来越受到国外关注，中国电影市场的本地市场效应开始发挥作用，另一方面也是竞争的作用。

第四，加强国产电影的海外发行，推动春节档期国际化。目前具备的几个条件更说明中国需要加强国产电影的国际发行。一方面，近年来春节国际化的趋势日益明显，每年有几百万中国游客选择在春节出境游，带动全世界对中国春节的关注度日益提升。春节档期是中国最为热门的电影档期，同时在北美又是相对冷门的档期[①]，因此应该充分利用春节出境游的趋势，用春节国际化推进春节档期国际化，让出境游的中国游客在国外也能对春节档期电影先睹为快，并带动国外当地华人的观影需求，甚至带动当地其他居民的观影需求，这需要努力推进春节档期的国产电影全球同步发行。另外，近年来国产电影质量提升较快，类型电影也日益完善，而且逐渐出现了若干在国外媒体界产生一定影响的电影。这些电影与好莱坞大电影有较为明显的差异，且在中国国内产生了令世界刮目相看的巨大的影响和可观的票房成绩，加上中国经济在世界影响力日益提升，使得这些电影也勾起了国外观众的"猎奇心理"。此外，中国资本在全球电影产业的影响力日益提升，这也为国产电影全球发行提供了较好的条件。例如，2012年万达集团并购美国AMC院线之后，成为全球最大院线运营商，并立刻促成了中国电影《1942》的中美同步上映；同年AMC院线上映8部中国电影，2013年上映17部，创造美国院线上映中国影片数量的纪录。2016年1月，万达集团又收购了美国传奇影业公司，之后几部具备中国文化元素或者中国演员加盟的好莱坞大制作电影都有传奇影业参与制作，如《长城》《金刚骷髅岛》《环太平洋2》等。文化资本"走出去"成为中国文化产品以及中国文化"走出去"的加速器（罗立彬，2018）。

[①] 过去几年，每年2月中国电影票房都会超过北美，主要原因就是2月有中国春节的热门档期，而同期美国则属于冷门档期。

第十九章

中国市场深度影响好莱坞"审美观"[①]

2018年由华纳公司投资拍摄的电影《摘金奇缘》引发热议。原因是，这部由全亚裔演员班底打造、制作成本只有3000万美元的浪漫喜剧片，在全世界取得了2.3亿美元的好成绩。据了解，历史上全亚裔电影在美国获得成功的案例，是根据美国华裔女作家谭恩美的同名长篇小说改编的《喜福会》，那还是25年前的事了。根据boxofficemojo.com的数据，当年《喜福会》的全球票房也只有3200万美元。25年后，美国《时代》杂志发表的名为《〈摘金奇缘〉将改变好莱坞》的重点报道，介绍这部改编自一部本来平平无奇的小说 Crazy Rich Asians 的电影，该片的女主角——美籍华裔演员吴恬敏也因此登上该期《时代》杂志封面。其实，亚裔电影引起关注的不仅有这一部，由阿尼什·查甘蒂执导，约翰·赵、黛博拉·梅辛、米切尔·拉主演的悬疑电影《网络谜踪》，也是以亚裔演员为主的，目前全球票房已经达到6700万美元。于是，有人将2018年称作"亚裔演员在好莱坞的崛起之年"。

[①] 本文发表于中国社会科学网2019年2月4日。http://www.cssn.cn/jjx_lljjx_1/sjjjygjjjx/201902/t20190204_4822907.shtml。

稍微关注一下亚裔演员在好莱坞的历史，就能够了解他们曾经的边缘地位。《时代》杂志的文章认为，亚裔演员在好莱坞的体制当中"被惩罚、被刻板印象、被忽视"。以华裔演员为例，最早在好莱坞闯出名声的华裔演员是黄柳霜，其出色的才华使得她赢得了好莱坞星光大道上的一颗星。然而，在黄柳霜的演艺年代，华人在好莱坞电影的角色绝大多数都很不好，尽管她的才华得到认可，却得不到好角色，就连中国题材的电影《大地》中土生土长的中国农民角色都由白人来出演，黄柳霜根本没出镜的机会。在黄柳霜之后，亚裔演员在好莱坞的地位有所提升，但是整体来讲是处于非常边缘的地位。《纽约时报》统计过，在2015—2016年度，64%的电视剧没有一个常规角色是亚裔美国人，即使在2017年票房前100位的电影中，近三分之二的影片没有一个亚裔女性角色。

应该说，在好莱坞电影中包括华裔在内的亚裔演员地位的提升，无不与中国经济的崛起以及中国电影市场规模扩大有直接关系。《时代》杂志将《摘金奇缘》的成功归结为"一直没有被满足的亚裔观众群体""影响力迅速提升的亚洲文化"以及"亚洲电影票房在全球的重要性"，《时代》进一步指出，这部电影之所以最终没有将主角换成白人并坚持在院线上映，一个重要原因是"好莱坞越来越依赖于亚洲资金和全球观众才能获得盈利"。根据美国电影协会（mpaa.com）的《电影年度报告2017》显示，从2013年开始，亚太地区就已经成为全球电影票房最高的地区；2017年，亚太地区电影票房为160亿美元，占全球总票房406亿美元的39.4%，这其中有一半（79亿美元）是中国大陆市场创造的。

近十年来，中国电影票房在全球比重持续迅速提升，从2004年的0.7%增加到2017年的19%，而且在全球电影票房的增量中，绝大部分是来自中国大陆市场，个别年份后者超过前者，比如2014年中国电影票房增量是全球增量的2.4倍。这使得中国市场迅速提升为好莱坞电影的重要目标市场，中国票房成为好莱坞电影全球票房的重要组成部分，任何一部高风险、大预算的好莱坞电影都不可能忽视中国市场；而且，为了降低在中国市场上的"文化折扣"并在中国市场上竞相分得一杯羹，好莱坞大制作电影还要尽力"讨好"中国观众。因此，作为一个重要的利润生产方式，好莱坞大制作电影中的中国元素开始逐渐出现并且越来越多。

最初好莱坞电影只加入零星的中国元素，如2011年《钢铁侠3》出现的两位中国演员，只出现在该片的"中国特供版"当中。随着中国市场越来越大，零星式中国元素已无法满足竞争需要，好莱坞电影中的中国文化元素正在逐渐成为不可或缺的组成部分。2014年的《变形金刚4》成为第一部具备大量中国文化元素符号的好莱坞大片，它在中国市场取得的19亿元票房，直接使得其成为当年全球票房最高的电影。[①] 到2018年，在中国大陆上映的好莱坞大制作电影，几乎全都包含一些中国文化元素。例如，《古墓丽影2》中的第一男主角吴彦祖以及在中国香港取景，《巨齿鲨》中的第一女

[①] 这部电影当年在北美市场票房为2.46亿美元，排名仅列第七名，但是中国大陆市场上的成功使其在全球获得11.04亿美元的票房，成为当年全球票房冠军。

主角李冰冰和其他大量中国演员以及在中国三亚取景，动画片《雪怪大冒险》中汉字和汉语的使用，《摩天营救》中的华人女演员昆凌以及在香港取景，《毒液》中的华人超市、汉字以及汉语普通话，《神奇动物2》中的中国神兽，《无敌破坏王2》中的中国互联网公司的标识以及汉语、汉字，等等。这些电影有中国公司的投资合作电影，也有非中国公司投资的纯美国电影。可以说，随着中国电影市场在全球比重持续提高，以全球市场为目标市场的好莱坞高预算大片，运用中国文化元素的比重也越来越高了。在看惯了白人形象的美国观众中，这种现象已经让他们感觉好莱坞大片越来越像中国电影，甚至联想起中国文化入侵[①]。美国诸多媒体就此现象发表了诸多报道，以至于有人提议要抵制有中国人参与的电影。与此同时，好莱坞的亚裔演员则觉得"扬眉吐气"，并希望中国电影市场好好提升一下亚裔在好莱坞的地位。

中国经济的崛起也在改变好莱坞电影中华裔以及亚裔的刻板印象。近年来，好莱坞大片中的中国文化元素几乎都是正面的，没有人会冒着得罪中国市场的风险而加入负面的中国文化元素。将《摘金奇缘》与25年前好莱坞全亚裔电影《喜福会》对比就可以看出，《喜福会》对于中国人生活的描述基本上还是充满苦难，而到了

---

① 比如2016年10月23日美国《福布斯》杂志网站刊登文章《中国"万达"会从美国手中夺走电影业吗?》的报道，提出应当"严格限制中国制作的电影在美国影院中放映，并且降低中国它们可获得的票房收入比例，同时禁止中国制作的影片在圣诞节或劳动节周末放映"。参见"王健林吸引好莱坞到青岛，美媒忧电影业被夺走"，参考消息网，转引自中国经济网 http://district.ce.cn/newarea/roll/201610/31/t20161031_17343316.shtml。

《摘金奇缘》的情节再现时,亚洲人已经变成了"疯狂的亚洲富豪"。

2016年以来,中国电影市场呈现两个重要特征。一方面,中国电影市场已经是世界市场举足轻重、不可或缺的组成部分;另一方面,中国电影市场"补偿性"的超高速增长阶段结束,已经转进到高质量发展阶段[①]。这意味着,在中国这个巨大的电影市场里,竞争越来越激烈。如果说补偿性的超高速增长阶段给多个电影同时提供票房增长空间,那么高质量发展阶段中各个电影之间的相互挤出效应越来越突出,如此现实进一步支撑着好莱坞电影必须继续加入更多的中国文化元素。毋庸讳言,这应该是《摘金奇缘》《网络谜踪》等全亚裔电影在好莱坞出现并受到重视的现实背景。这两部电影的出现说明,不仅大投资电影中出现中国元素或者亚裔元素,小投资电影中的中国元素也在增加。不仅如此,已经存在不少中国元素的大投资电影,中国元素的分量还在持续增加。比如,迪士尼的真人版《花木兰》就是一部全亚裔的大投资电影,投资额高达2.9亿美元;近年来,在全球掀起观影热潮且全球票房排名第一的系列电影"漫威宇宙",也将拍摄第一部"华裔超级英雄"电影,而且将启用全华裔拍摄班底。可以预见,随着中国经济持续增长,好莱坞电影中的中国元素还会不断增加,中国文化符号也会随之传播到全世界。

[①] 罗立彬,郁佩芳. 中国电影票房规模影响因素及预测——兼论新阶段中国电影产业发展战略 [A]. 文化产业研究(第18辑)[C]. 南京:南京大学出版社,2018;罗立彬. 以"高品质"让电影产业绽放芳华 [N]. 人民日报,2018-02-22(05)。

有人说，全亚裔电影的优势在于，可以满足东方和西方观众的猎奇心理。然而，比照在北美市场票房和口碑双丰收，《摘金奇缘》在中国大陆无论是票房成绩还是影迷评分都并不如意，累计票房才1147.5万元，豆瓣评分也刚刚超过6分。与之形成鲜明对比的是，中国国产电影《无名之辈》上映20多天后仍能够单日票房过千万，累计票房已经超过7亿元。好莱坞越来越重视中国市场，而要真正赢得中国市场，需要更好地研究中国市场的需求。在第九届中美文娱产业峰会上，《摘金奇缘》的制片方SK Global的总裁John Penotti表示，他们计划在上海拍摄该片的续集。续集改编自Kevin Kwan"亚洲人"系列的第二部小说《中国富豪女友》（*China Rich Girlfriend*），故事发生在《摘金奇缘》结束两年后，大部分场景在中国，导演则预计仍是朱浩伟。相信只要中国电影市场随着中国经济增长而持续稳定增长，中国电影市场以及中国经济总量占全球比重越来越高，以全球观众为目标市场的好莱坞电影所嵌入的中国文化元素符号就会越来越多，中国电影公司参与投资也将越来越多；与此同时，通过好莱坞电影强大的全球传播能力，中国文化符号会传播到世界各地。总之，中国经济、中国文化市场以及中国电影市场的崛起，正在并将继续影响甚至改变全球电影观众的审美观。

全球化与贸易：中国优势与机遇　>>>

第二十章

市场开放与本国文化元素的国际传播：以中国电影市场开放为例[①]

我国国民经济社会"十三五"规划明确将"中华文化国际影响力日益扩大"作为目标之一。电影是文化传播的重要载体和媒介。由于好莱坞电影多数为全球取材，又平均在世界100多个国家和地区放映，所以也成为向世界传播各国文化的高效率载体。比如动画片《花木兰》使花木兰迅速成为全球知名的中国文化符号。

近年来，好莱坞电影越来越多地加入中国文化元素，面向全球放映，该现象如此引人注目，以至于美国新闻媒体频频以"中国文化入侵好莱坞"为标题来报道（罗立彬，2017）[②]，这有助于中国文化元素符号的全球传播。如何从理论上分析和理解这一现象？中国电影市场的开放在其中发挥了什么作用？这一问题的研究兼具理论意义和现实意义。理论上涉及文化市场开放与本土文化传播的关系问题；现实中对中国电影市场开放的政策也有启发。接下来本文内容安排如下：首先综述文化市场开放与文化传播关系的研究，接下

---

① 本文发表于《文化产业研究：文化市场》，南京大学出版社，2020年12月。
② 比如，英国《卫报》以《好莱坞为何向中国磕头》，美国《环球时报》以《好莱坞在向中国投降吗》来进行报道。

来拓展 Helpman 和 Krugman（1985）的本地市场效应模型，加入进口国文化元素因子，希望对美国电影加入中国文化元素的动因提出理论解释，然后以 2012 年中国对美国进口分账电影配额扩大作为准自然实验，实证分析中国电影市场开放对美国电影加入中国文化元素的影响，最后提出总结与启示。

一、市场开放与文化元素国际传播的理论分析：现有文献综述

文化贸易自由化与文化多样性之间的关系比较复杂，相关研究多数以国际贸易理论中的本地市场效应理论（Helpman and Krugman，1985）为基础来开展，认为传统自由贸易理论对文化贸易适用性有限（Disdier, et. al., 2010）[1]，主要原因是文化产品具备两个重要特征：规模经济效应和网络外部性[2]。这两个重要特征说明自由贸易会导致文化样式——尤其是小国文化样式——减少，从而降低多样性，但同时人们可享受规模经济带来的成本降低（Jeneba, 2007; Rauch and Trindade, 2009）[3]。然而，理论推演并不一定支持保护本国文化产业。Mas-Colell（1999）[4] 将文化贸易保护政策分两类：一是保

---

[1] DISDIER A C, HEAD K, MAYER T. Exposure to foreign media and changes in cultural traits: Evidence from naming patterns in France [J]. Journal of International Economics, 2010, 80 (2): 226-238.
[2] 有人将"网络外部性"称为"消费的规模经济效应"，指的是人们从某种产品中所获得的边际效用是当下正在使用这种产品的人数的增函数。
[3] JANEBA E. International trade and consumption network externalities [J]. European Economic Review, 2007, 51 (4): 781-803.
[4] MAS-COLELL A. Should Cultural Goods Be Treated Differently? [J]. Journal of Cultural Economics, 1999, 23 (1-2): 87-93.

护国内文化产品的生产；二是保护国内生产的本土文化。两者区别重大：第一类重点在于保护文化产业的国内生产和就业；第二类重点在保护与国家文化相关的内容。他认为很多国家的保护政策其实是第二类保护的理由去支持第一类保护的做法。按此思路，有学者对两类保护之间的关系进行更加细致的讨论，发现通过贸易政策而对文化产品国内生产的保护（第一类）不一定总是能够保护该国的文化（第二类）。比如 Rauch 和 Trindade（2009）[1] 认为在全球化背景下，贸易保护只能将文化产品的生产过程留在国内，但产品形式是国际主流；相反，如果能够取消保护国内文化生产和就业的政策，用保护本国文化的政策来取而代之，则有利于全世界的福利改善；Richardon 和 Wilkie（2015）[2] 以流行音乐为例，认为一国国内需求更偏好国际化内容，同时国内广播又有国内节目播出份额的政策限制，就会导致国内艺术家和国际化内容相结合，本地内容配额政策反而会导致国内音乐日渐国际化。理论研究进一步认为小众文化或许需要保护，但不一定是小国自己保护，因为若由小国自己保护，"保护成本支付者"并非这类文化产品的消费者，不可持续。因此，应该由小国放开本土市场，同时由大国来支付相关成本对小国文化进行保护（Rauch and Trindade，2009），但是在现实中又未必行

---

[1] RAUCH J E, TRINDADE V. Neckties in the tropics: a model of international trade and cultural diversity [J]. Canadian Journal of Economics/revue Canadienne Déconomique, 2009, 42（3）: 809 – 843.

[2] RICHARDSON M, WILKIE S. Faddists, Enthusiasts and Canadian Divas: Broadcasting Quotas and the Supply Response [J]. Review of International Economics, 2015, 23（2）: 404 – 424.

得通。

实证研究也有一些。大量媒体经济学者对于影视领域存在的本地市场效应进行证实，比如美国媒体产品向其他国家的单向流动①，多数被解释为是美国本地市场效应的体现。但是对于更有争议的所谓"文化入侵"现象，实证研究较少，Disdier, et. al. （2010）通过国外媒体接触如何影响法国孩子起名行为的实证研究，来测度外媒对法国本土文化的影响，发现影响没有想象的那么夸张②。

虽然理论和实证研究结论不完全一致，但有一点达成共识：国家经济规模越大，开放越有利于其文化的国际传播，几乎没有研究认为文化贸易自由化会对大国有损。还有学者分析了全球化背景下，单一文化市场规模扩大对其文化传播的影响。Hermosilla, et. al. （2018）发现中国电影市场规模扩大使好莱坞电影中角色的肤色变浅；江小涓和罗立彬（2019）认为全球化背景下，一种文化的目标市场规模越大，就越有可能吸引以全球为目标市场的文化产品加入该国文化元素，并面向全世界销售；因为文化产品具备目标受众最大化的倾向（Rosen, 1981；David Hesmondhalgh, 2006）③，而文化

---

① "单向流动"是媒体经济学界对于美国电视节目贸易对世界所有国家顺差，而其他国家对美国电视节目贸易逆差现象的形象化描述。
② DISDIER A C, HEAD K, MAYER T. Exposure to foreign media and changes in cultural traits: Evidence from naming patterns in France [J]. Journal of International Economics, 2010, 80 (2): 226–238.
③ ROSEN S. The Economics of Superstars [J]. The American Economic Review, 1984 (71): 845–858；[英] HESMONDHALGH D. 文化产业 [M]. 廖珮君, 译. 台北：韦伯文化国际有限公司, 2006.

产品消费具备"文化折扣"（Hoskins and Mirus, 1988）①，为了吸引更大规模的市场，文化产品就倾向于通过该市场的文化元素来"讨好"市场规模较大的单一市场。全球化趋势中生产要素国际流动性提升也使这种"讨好"行为有可能实现；实证分析发现中国电影市场的扩大使全球电影文化多样性提升，其中中国文化受益最大。

现有文献已经得出了一些重要的观点和结论，但是正如上文提到的，针对文化市场开放对本国文化传播之影响的实证研究很少。虽然江小涓和罗立彬（2019）涉及了这个问题，但是更多侧重研究市场规模扩大的影响，而不是市场开放的影响；Hermosilla, et. al. (2018) 用的是中国电影市场扩大开放的案例，但是文章研究的因变量也只停留在美国电影中角色的肤色，没有具备中国文化元素本身。现有的理论研究虽然比实证研究多一些，但是尚未发现有文献将进口国文化元素作为投入变量直接加入模型并研究其对于全球化文化产品的影响。为此，本文希望有如下创新，首先将进口国文化元素加入 Helpman 和 Krugman（1985）② 的本地市场效应模型并推演其影响；然后以 2012 年中国对美国进口分账电影配额扩大作为准自然实验，实证分析中国电影市场开放对美国电影中的中国文化元素的影响。

---

① HOSKINS C, MIRUS R. Reasons for the U. S. Dominance of the International Trade in Television Programs [J]. Media Culture & Society, 1988, 10 (4): 499 – 504.
② [以] 埃尔赫南·赫尔普曼，[美] 保罗·克鲁格曼. 市场结构和对外贸易——报酬递增、不完全竞争和国际经济 [M]. 尹翔硕，尹翔康，译. 上海：格致出版社、上海三联出版社、上海人民出版社，2014.

二、进口国文化元素与大国垄断全球文化产品样式的可能性：本地市场效应模型的一个拓展

Helpman 和 Krugman（1985）[①] 的本地市场效应模型成为诸多文化贸易模型的基础。下面我们拓展这一模型，加入进口国文化元素变量，以论证加入中国文化元素对于美国电影的重要性。

Helpman 和 Krugman（1985）模型有如下假定：第一，两个产业，一个生产相异产品，另一个生产无异产品；第二，假定开支份额不变，并设相异部门的子效用具有彭斯—迪克西特—斯蒂格利茨形式；第三，两个国家，一种生产要素；第四，无异产品的贸易无成本，两个国家在贸易后都生产无异产品；第五，相异产品贸易具备运输成本，且运输成本被设定为冰山运输技术：即运输一个单位只有 $1/\tau$ 单位到达，其中 $\tau > 1$。

假定所有公司的定价都是 p，且有 n 个本国公司，n^* 个外国公司。

经过推导之后，得到如下结果：

[①] [以] 埃尔赫南·赫尔普曼，[美] 保罗·克鲁格曼. 市场结构和对外贸易——报酬递增、不完全竞争和国际经济 [M]. 尹翔硕，尹翔康，译. 上海：格致出版社、上海三联出版社、上海人民出版社，2014.

$$s_n = \begin{cases} 0, & \text{若} s_L \leq \dfrac{\rho}{1+\rho} \\ (1-\rho)^{-1}[(1+\rho)s_L - \rho], & \text{若} \dfrac{\rho}{1+\rho} < s_L < \dfrac{1}{1+\rho} \\ 1, & \text{若} s_L \geq \dfrac{1}{1+\rho} \end{cases}$$

其中 $s_n = \dfrac{n}{(n+n^*)}$，$s_L = \dfrac{L}{L+L^*}$，即 s_n 和 s_L 分别是本国在报酬递增产业的产出中的份额和劳动中的份额。$\rho = \tau^{1-\sigma} < 1$，$\sigma > 1$ 是产品的需求价格弹性。

因此，只有当 $\dfrac{\rho}{1+\rho} < s_L < \dfrac{1}{1+\rho}$ 时，两个国家才会生产相异产品。

如果 $s_L \geq \dfrac{1}{1+\rho}$，我们将得到只有本国生产相异产品的解；如果 $s_L \leq \dfrac{\rho}{1+\rho}$，则只有外国生产相异产品。也就是说，如果两个国家在规模上相差甚远，那么较大的国家将生产所有的报酬递增产品。而非专业化带域的宽度依赖于 ρ，也就是依赖于运输成本指数 τ。如果运输成本低，$\tau \approx 1$，则 $\rho = 1$，此时即使两国规模差异很小，也会使相异产品产业集中于较大的国家。

在不完全专业化的带域内，s_L 和 s_n 之间的关系比 45°更陡；于是，无论哪个国家较大，其品种所占份额都将比国家大小的比例更大，因而将在相异产品上有贸易剩余。此时，一个较大的本地市场可以作为出口的基础。

我们在此模型的基础上，加入进口国文化元素，用 c 表示；假设出口贸易成本受到进口国文化元素影响，即 $\tau = \tau(c)$，并进一步假设进口国文化元素可以降低出口的贸易成本，即 $\frac{\partial \tau}{\partial c} < 0$，则由于 $\rho = \tau^{1-\sigma}$ 且 $\sigma > 1$，所以 $\rho = \rho(c)$，且 $\frac{\partial \rho}{\partial c} > 0$，由此可见，进口国文化元素可以影响到非专业化带域的宽度。

假设 $S_{LL} = \frac{\rho}{1+\rho}$，$S_{LH} = \frac{1}{1+\rho}$，则非专业化带域可表示为 $S_{LL} < S_L < S_{LH}$。

进一步假设 $S = S_{LH} - S_{LL} = \frac{1-\rho}{1+\rho}$，可证明：$\frac{\partial S_{LL}}{\partial \rho} > 0$，$\frac{\partial S_{LH}}{\partial \rho} < 0$，换言之，$\frac{\partial S}{\partial \rho} < 0$，非专业化带域宽度随着 ρ 的提高而变窄。

而因为 $\frac{\partial \rho}{\partial c} > 0$，所以 $\frac{\partial S_{LL}}{\partial c} > 0$，$\frac{\partial S_{LH}}{\partial c} < 0$，$\frac{\partial S}{\partial c} < 0$，即加入进口国文化元素让非专业化带域变窄。

再假设 $M = S_L - \frac{1}{1+\rho(c)}$，则我们认为一国垄断全球所有样式的可能性为 $\varphi = \varphi(M)$，且 $\frac{\partial \varphi}{\partial M} > 0$；则 $\frac{\partial \varphi}{\partial c} = (1+\rho)^{-2} \frac{\partial \rho}{\partial c} > 0$，所以增加进口国文化元素可以提高一国垄断全球所有产品样式的可能性（此为命题1）。

再由 $M = S_L - \frac{1}{1+\rho(c)}$，可得 $\rho(c) = (S_L - M)^{-1} - 1$，则 $\frac{\partial c}{\partial S_L} =$

$\frac{\partial c}{\partial \rho} \frac{\partial \rho}{\partial S_L} = \frac{\partial c}{\partial \rho}[-(S_L - M)^{-2}] < 0$，即随着 S_L 变小，若想保持垄断所有样式的可能性 $\varphi = \varphi(M)$ 不变，则需要更多地加入进口国文化元素（此为命题2）。

具体到我们要解释的现象，根据命题1，好莱坞电影之所以加入中国文化元素，是因为这可以帮助电影更好地进入中国这个迅速增长的市场，从而提高其全球电影市场份额。而随着中国电影市场占全球比重不断提高，美国电影市场的相对规模也在下降，根据命题2，这就促使美国电影加入更多的中国文化元素符号。其中中国电影市场开放可以发挥作用，因为只有一个更加开放的中国电影市场才会成为美国电影的目标市场，也会使美国电影全球票房中中国的比重更高。

接下来我们将以2012年中国对美国进口分账电影配额扩大作为准自然实验，实证分析中国电影市场开放对美国电影加入中国文化元素的影响，为此，基于上述理论分析做出以下三个假设：

假设1：中国电影市场扩大开放会导致好莱坞电影加入更多中国元素。2012年中国电影票房占全球比重达到7.8%，任何以全球市场为目标市场的大投资电影都很难放弃中国市场。2012年进口电影配额提高，为相关美国电影制片方进入中国市场获取更多票房收入回报提供机会，但也为每一部进入中国市场的美国大片带来了竞争，降低它们在中国市场的"垄断力"，这会增强其加入中国元素以"讨好"中国市场的倾向，中国市场是全球市场的主要增量，所以这种倾向会更明显。①

假设2：好莱坞电影加入中国元素的概率与中国电影总票房正相关。在之前的研究中我们曾从经济学角度提出电影大国的概念（罗立彬、郁佩芳，2018），即票房总规模足够大，以至于影响到以全球为目标市场的电影大片中的文化元素。我们觉得中国就是这样一个电影大国，原因有两个，一是中国电影票房规模占全球票房比重持续提高；二是中国文化特色明显，与美国文化距离较远，决定了中国市场对本土文化有足够偏好。

假设3：预算更高的电影中更倾向于加入中国元素。因为预算越高，也就越无法忽视中国这样一个规模巨大、增长迅速、增量占全球比重极高的市场。

三、中国电影市场开放与美国电影中的中国元素：以中国电影配额扩大为准自然实验的实证研究

在这一部分，我们利用2012年中国对美国3D/IMAX电影扩大进口配额作为准自然实验来做实证分析，以验证市场开放与美国电影加入中国元素的因果关系。

2012年2月18日，中国和美国就电影进口达成协议，规定每年

---

① 协议中规定中国新增的14部分账电影。进口主要为3D/IMAX电影，一般属于大制作电影，中国一下子增加14部大制作电影的进口，对于每一部希望进口的单部电影而言，面临的竞争相当激烈。比如，2013年7月单月就有5部好莱坞大片在中国上映，而且《重返地球》（2013年7月12日）、《惊天危机》（2013年7月22日）、《速度与激情6》（2013年7月26日）、《环太平洋》（2013年7月31日）这几部电影的上映日期非常接近。

全球化与贸易：中国优势与机遇　>>>

从美国引进分账电影配额从 20 部增加到 34 部，增加的 14 部电影以 IMAX 和 3D 电影为主，美国票房分账从 13% 提高到 25%。从观察到的典型事实看，美国电影加入中国文化元素符号与上述协议相关性较强。美国电影大量出现中国文化元素符号开始于 2014 年的《变形金刚 4：绝迹重生》[①]；此后便频繁出现（见表 20-1）[②]。

表 20-1　近年来美国电影的中国文化元素

年份	影片	主要包含的中国元素 （演员、故事发生地、语言）
2020	花木兰	全亚裔班底，大量中国以及华裔演员，如刘亦菲、巩俐、甄子丹、李连杰等
2019	勇敢者游戏：再战巅峰	林家珍（奥卡菲娜）
2019	别告诉她	全亚裔班底，大量中国演员以及中国故事
2019	哥斯拉 2	章子怡，中国龙形象
2018	雪怪大冒险	汉字与汉语
2018	摩天营救	香港取景，华人演员黄经汉、昆凌和文峰等
2018	毒液	华人超市、唐人街
2018	神奇动物在哪里 2	中国神兽
2018	巨齿鲨	李冰冰，三亚取景

[①] 《变形金刚 4：绝迹重生》中的中国文化元素非常明显，就此话题，媒体也有大量相关报道，参见变形金刚 4 昨日上映，中国元素占三分之一 [EB/OL]．观察者网，2014-06-28．
[②] 罗立彬．中国市场深度影响好莱坞"审美观" [EB/OL]．中国社会科学网，2019-02-04．

158

续表

年份	影片	主要包含的中国元素（演员、故事发生地、语言）
2018	《环太平洋2》	景甜、张晋以及其他中国演员，中国上海，汉语普通话
2018	《古墓丽影：源起之战》	吴彦祖，中国香港，广东话、汉语普通话
2017	《星球大战：侠盗一号》	姜文、甄子丹
2017	《金刚骷髅岛》	景甜
2017	《降临》	马志，中国语言
2016	《长城》	张艺谋、刘德华、景甜以及其他大量中国演员，汉语普通话
2016	《美国队长3》	金世佳，VIVO手机
2016	《独立日2》	杨颖、黄经汉，QQ、蒙牛
2016	《惊天魔盗团2》	澳门赌场，周杰伦
2015	《火星救援》	中国航天局，陈数
2015	《复仇者联盟2》	伊利
2015	《碟中谍5》	TCL显示器
2014	《X战警：逆转未来》	范冰冰，中国寺庙
2014	《变形金刚4》	香港、李冰冰、韩庚、红牛

数据来源：根据 imdb.com 数据以及相关媒体报道整理

（一）数据与模型

样本是北美地区 1997 年至 2017 年上映的共 542 部电影，数据主要来源为互联网电影数据库（imdb.com），影片的制式信息（2D/3D/IMAX）从艺恩电影智库获取。

采用双重差分方法来测度中国电影进口配额扩大对于美国电影加入中国文化元素的影响。将样本中 3D 和 IMAX 电影作为实验组，2D 电影作为控制组，将政策冲击时间定为 2015 年 1 月 1 日。这是因为虽然中美双方谅解备忘录协议签订于 2012 年 2 月 18 日，但根据英国著名电影产业学者 Stephen Fellows 的研究，好莱坞电影平均制作周期为 871 天，即 2 年 4 个月 19 天；周期最短的喜剧片平均也需要 755 天；最长的冒险片制作周期长达 1103 天，超过 3 年；而 2012 年中国电影进口配额扩大后所新增的进口美国电影集中在 3D/IMAX 制式，属于制作周期较长的电影[①]。如此估算，协议对于美国电影中中国元素的影响要 2015 年之后才会产生。

回归方程如下：

$$y_{it} = \alpha_0 + \alpha_1 T_i + \alpha_2 P_i + \beta T_i P_i + \alpha_3 lnB_i + \alpha_4 lnG_t + \varepsilon_{it}$$

其中 y_{it} 是虚拟变量，如果电影 i 中包含中国元素[②]，则 $y_{it} = 1$；否则 $y_{it} = 0$。T_i 是电影类型，若影片 i 为 3D/IMAX，则 $T_i = 1$；否则 $T_i = 0$；P_i 也是虚拟变量，若影片 i 在 2015 年 1 月及之后上映，则 $P_i = 1$；否则 $P_i = 0$。B_i 代表影片 i 的预算，G_t 是影片上映年份中国电影总票房。为消除可能的异方差，对两个非虚拟变量取自然对

---

① 参见 Stephen Follows, How Long Does the Average Hollywood Movie Take to Make? https://stephenfollows.com/how-long-the-average-hollywood-movie-take-to-make/ 2018 年 5 月 7 日，2020 年 5 月 13 日访问。

② 本文对中国元素的定义为：中国演员、中国取景地和中国投资方。从电影观众的角度来讲，影片中的演员，取景地是最直观的视觉体现，容易被观众认定为中国元素；另外，IMDB 网站对影片演员国籍、取景地、投资方都有详细描述，数据具备可获得性。

数。表20-2是描述性统计,样本中有16.1%的影片中包括中国元素,13%的电影为3D/IMAX制式,29.7%的电影为2015年之后上映。

表20-2 数据描述性统计

名称	均值	最大值	最小值	标准差
含有中国元素	0.162	1	0	0.369
影片的制式	0.129	1	0	0.336
影片上映时间	0.297	1	0	0.457
影片制作预算的对数	7.490	8.477	4.544	0.650
中国内地电影票房的对数	4.986	6.326	2.151	1.161

(二) 回归结果

采用双重差分法结合Logistic模型估计,结果见表20-3。代表政策冲击效果的$T_i P_i$交互项系数在6个回归中都为正,且都在1%的水平上显著异于零,系数稳定,说明配额扩大导致美国电影加入更多中国文化元素。根据回归6的结果,政策冲击之后,3D/IMAX电影加入中国元素的可能性是其他电影的$e^{2.378}$倍。说明2012年中国电影进口配额扩大的中国市场竞争效应要大于市场进入效应,从而从整体上较大提升了美国电影加入中国元素的可能性。

电影预算的影响也显著为正,且在1%的水平上显著异于零,说明电影预算越大,加入中国元素的可能性越高,这也验证了假设3。

表 20-3 Logistic 回归（因变量为是否具备中国元素）

变量	回归1	回归2	回归3	回归4	回归5	回归6
_cons	-1.627***	-1.386	-7.435***	-5.751**	-5.690***	-12.545*
	(0.147)	(1.118)	(1.967)	(2.297)	(2.175)	(6.969)
P_i	-0.261	-0.301	-0.023	0.421	-0.390	-12.757
	(0.293)	(1.242)	(0.307)	(1.246)	(0.395)	(0.395)
T_i	-1.035**	-0.799	-1.233**	-0.822	-1.082**	-0.822
	(0.615)	(0.650)	(0.622)	(0.653)	(0.624)	(0.653)
T_iP_i	2.924***	2.767***	2.589***	2.378***	2.494***	2.378***
	(0.780)	(0.818)	(0.790)	(0.835)	(0.793)	(0.835)
lnB_i			0.762***	0.555**	0.668***	0.555**
			(0.255)	(0.255)	(0.258)	(0.254)
lnG^t					-0.239**	3.157
					(0.190)	(3.202)
是否有年份固定效应	否	是	否	是	否	是
Pseudo R2	0.04	0.09	0.06	0.10	0.07	0.06
样本量	542	530	542	530	542	530

注：*、**、***分别指统计值在10%、5%和1%水平下显著。

中国电影总票房的影响不太稳定。不加入年份固定效应的情况下（回归5），影响显著为负，加入时间固定效应（回归6）后，系数转正,但依然不显著;为进一步深入分析,我们将政策冲击元素拿掉(见表20-4)。在回归7中,影响依然不显著,但符号为正;考虑到这一影响可能会受到电影制式的影响,我们加入是否为3D/IMAX电影与中国电影票房的交互项,结果发现交互项系数显著为正,说明中国电影总票房的影响在不同电影制式中不相同,3D/IMAX电影是否加入中国文化元素的决策更容易受到中国电影总票房的影响,这有两个可能的原因,一是3D/IMAX电影一般更依赖于全球市场;二是中国对美国进口电影配额的扩大也主要是针对3D/IMAX,使中国市场成为美国3D/IMAX电影目标市场中更加重要的部分,这一点结论与我们对表20-3中配额扩大影响的分析结论是一致的。

表20-4 Logistic回归(因变量为是否具备中国元素)

变量	回归7	回归8
_cons	-7.277***	-5.507**
	(2.657)	(2.659)
T_i	0.422	-13.102
	(0.368)	(5.127)
lnB_i	0.714***	0.499**
	(0.254)	(0.254)
lnG^t	0.125	0.091
	(0.298)	(0.299)
$T^i lnG_t$		2.407***
		(0.881)

续表

变量	回归7	回归8
是否有年份固定效应	是	是
Pseudo R2	0.08	0.107
样本量	530	530

注：*、**、***分别指统计值在10%、5%和1%水平下显著。

(三) 平行趋势检验

为保证回归结果更有效，我们进行平行趋势检验。首先定义各年份虚拟变量与分组变量间的交互项，在加入时间固定效应和控制变量的情况下，对交互项回归，并观察政策冲击前后系数的变化。每个年份交互项系数都代表各年份中，控制组和实验组在中国元素方面是否具备显著差异，结果见图20-1。在政策冲击之前的年份以及当年，交互项系数都不显著异于零，但在政策冲击之后的年份中开始稳定地显著异于零，说明在含有中国元素方面，控制组和实验组在政策冲击前不存在显著差异，但在政策冲击开始存在显著差异，实验组中的中国元素稳定且显著地多于控制组。据此，平行趋势检验得以通过。

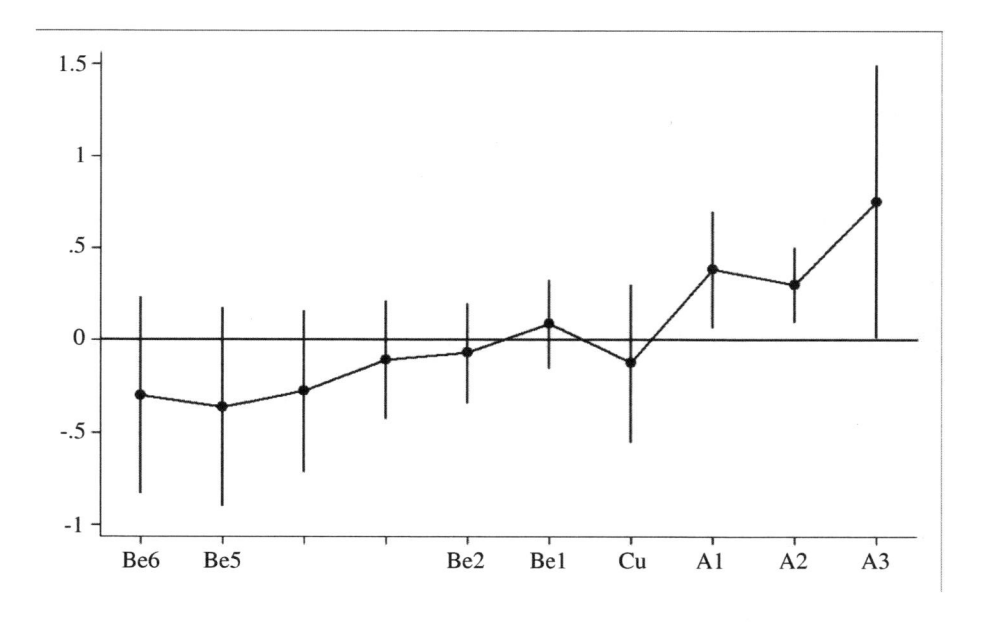

图 20-1 平行趋势检验图

注：Be 代表政策冲击之前，比如 Be6 就代表政策冲击前 6 年，以此类推；A 代表政策冲击之后，A1 就代表政策冲击后 1 年（2015 年），以此类推。

四、结论与启示

本文基于近年来好莱坞电影中加入中国文化元素的现象，在拓展本地效应理论的基础上，运用双重差分法进行实证分析，发现中国电影市场扩大开放对好莱坞电影中加入中国文化元素发挥了促进作用。除了为好莱坞电影加入中国文化元素这一重要现象提供解释之外，本文结论可以有如下启示：

1. 在全球化背景下，国内市场规模大且文化特色明显的国家，有能力通过扩大开放，吸引全球优势资源生产具备该国文化特色的产品，并面向全世界销售，实现该国文化全球传播；这是由全球化背景和文化产品经济特征共同决定的，本文的理论和实证分析为"开放与本土文化传播之间关系"的研究提供了一定的增量。

2. 中国可以通过文化市场开放来促进本土文化的全球传播，适度开放文化市场是提升中国文化国际影响力和中国文化软实力的重要途径。我们可以将"市场规模足够大，以至于影响全球产品的文化元素投入的国家"定义为经济学意义上的文化大国。我们认为中国就是"文化大国"，中国具备巨大的国内市场规模和独特的文化特色，在全球化背景下有能力通过扩大开放，来吸引全球优势资源生产具备中国文化特色的产品，有利于中国文化的全球传播。

3. 中国经济在开放背景下持续健康增长，是中国文化全球影响力提升的根本途径。本文以好莱坞电影中加入中国文化元素这一现象为研究起点，选取电影为案例，但是结论不仅限于电影。我们认为当前中国巨大的国内市场规模不仅有利于全球化的电影加入中国元素，也非常有利于全球化的其他产品加入带有中国文化元素的设计，尤其是2019年社会消费品零售总额超过41万亿人民币，居全球第二并接近第一，非常有利于吸引全球产品设计加入中国文化元素[①]。随着中国国内市场规模不断扩大，包括中国企业在内的全球优势资源都可能开始生产具备中国文化特色的产品，中国文化元素也就随着这些产品的全球销售得以传播。

---

① 作者曾经研究中国经济增长为汉语国际传播带来的有利条件，参见罗立彬，《全球化背景下中国文化贸易发展战略》第七章，经济管理出版社，2019年9月。

最后强调一点，为了实现国内大市场对本土文化传播的支撑作用，政府需要做的除了高水平对外开放之外，还可能需要适度培育人们对中国文化元素的偏好，因为根据文化贸易理论，只有当本国消费者对本国文化有所偏好时，才可能发挥本地市场效应，支撑本土文化的国际传播，关于如何培育本土文化偏好，也是本文未来研究的方向。

03

第三篇

| 双循环新发展格局篇 |

第二十一章

扩大最终消费利当前惠长远[①]

中共中央政治局于2020年7月30日召开会议,分析研究当前经济形势,部署下半年经济工作。会议指出,要持续扩大国内需求,克服疫情影响,扩大最终消费,为居民消费升级创造条件。

一、扩大国内消费有重要意义

首先是利当前,受到疫情的影响,2020年上半年全国居民人均消费支出同比实际下降9.3%;社会消费品零售总额比上年同期下降11.4%,扩大最终消费对于克服疫情影响,恢复经济增长有重要意义。

更重要的是惠长远。中国进入了消费对经济贡献率提升的阶段,2019年最终消费占国内生产总值比重(最终消费率)为55.4%,是2005年以来最高的;2001年之前中国的最终消费率一直比较稳定,之后就呈下降趋势,从62.2%降到2010年的49.3%,然后开始逐年递增,到2019年增长到55.4%。中国的货物和服务净出口占国内生

---

① 本文发表于《北京日报·理论周刊》2020年8月17日。

产总值的比重一直在下降，从 2007 年最高时候的 8.7% 下降到 2019 年的 1.5%，这说明中国经济越来越依靠内需，且内需中越来越依靠最终消费。

这种趋势与近年来中外经济比重以及中外人均收入增长速度的消长关系也很密切，只要未来中国经济增长率和人均国内生产总值增长率超过世界平均水平，中国经济越来越依靠内需、内需中最终消费占比提高就应该是长期趋势。但同时，虽然最终消费率在 2019 年达到了最高，但在全球排名倒数第十，低于世界绝大多数国家和经济体，说明未来还有相当大的持续增长空间，最终消费增速会超过国内生产总值增速。另一方面，扩大国内消费也顺应新时代社会主要矛盾的转化，有利于更好地满足人民日益增长的美好生活需要。总之，扩大最终消费利当前惠长远。

二、扩大最终消费需要放松约束

扩大消费需要放松对消费的各种约束。首先是收入约束。要提高可支配收入，在当前情况下需要落实相关补贴，也要保就业和保市场主体；同时，由于我国目前已不再是劳动力丰裕型经济体，应深入改善营商环境，激发市场活力和社会创造力，促进人们获得比作为"普通劳动力"更高的"企业家才能"的回报；另外，要保证人力资本作为中等收入群体的主要收入来源，应当完善科技人才市场和企业家市场。

需要调节收入分配差距，以形成一个对社会来讲最优的边际消费倾向；要落实对于低收入群体的转移支付。

需要供给侧结构性改革，这既有利于降低成本从而提高人们的真实购买力，又可以促进供给方更多考虑消费者的需求偏好。需要对内对外开放，更好地放开市场主体竞争，这有利于降低价格，也有利于让企业竞相开发出适销对路的产品。要更好落实海南自贸港建设、进口博览会相关工作，也应该支持和鼓励跨境电商进口，让原本"海外购"中的"中国制造"产品回流到国内销售，也可通过进口品竞争更好激励国内企业生产适销对路的产品。

需要放松对消费的时间和空间约束。发展网络购物空间和新型购物业态，鼓励基于网络和数字空间的新型创意产品和服务的销售；发展夜间经济；落实做好常态化疫情防控工作，更好运用大数据技术来做好灵活精细疫情防控，在此基础上，逐步恢复诸如餐饮、旅游、休闲、会展等基于地理空间集聚的经济活动。

三、扩大最终消费应该重视服务消费

所以未来中国消费升级会主要体现在服务消费领域。服务消费将是今后中国最终消费中发展潜力较大的一部分，扩大最终消费应顺应这一趋势。

一是要转变观念，承认服务消费的有效需求性质。尤其是承认"乐消费"的价值。随着我国社会主要矛盾的转化，人们消费需求重点将从"产品可获得性"向"品牌、多样性、精神愉悦、自我实现"过渡。此时供给侧的产出增量很大部分与旅游、娱乐、文化、

体育等无形服务有关，容易造成无实际价值的认知；可是这些服务能提供给人健康愉悦的精神感受，消费者也愿意为之付款，应承认其为有效需求。

二是重视和发展网络空间的服务业和服务消费。网络大大降低了服务供给和消费的成本，网络空间也因此成为服务市场的最重要增量；加上疫情期间网络空间集聚又部分取代地理空间集聚，更为网络空间的服务发展提供了机遇，因此发展网络空间的服务业（如网络医疗、网络教育、网络文化），既顺应趋势，又符合当下需要。甚至，我们还有可能利用中国庞大的网民规模和过长的上网时间，支撑中国网络空间的服务业形成国际竞争力。

三是深化服务贸易创新发展，发挥优势条件培育生产性服务业，提升国内生产性服务质量。中国目前有优势吸收全球优质资源来培育适合中国市场的金融保险、现代物流、信息等生产性服务业。因为中国不仅有全球第二的经济总量，更有超过41万亿元人民币的社会消费品零售总额。这样的优势有利于吸引全球产品的研发设计、品牌建设、分销以及客户服务等倾向于满足中国消费者的需求偏好，这些领域的优势资源也会向中国国内市场集中，形成中国在生产性服务业领域的产业竞争力，推进产业结构升级，并最终推动形成国际竞争力。要充分实现这一优势，就需要打造更高水平的对外开放新格局；应落实服务贸易创新发展试点工作，拓展开放领域。

第二十二章

推动形成双循环新发展格局[①]

2020年5月23日上午,习近平总书记看望了参加全国政协十三届三次会议的经济界委员,并参加联组会,听取意见和建议。他强调,要坚持用全面、辩证、长远的眼光分析当前经济形势,努力在危机中育新机,于变局中开新局。面向未来,我们要把满足国内需求作为发展的出发点和落脚点,加快构建完整的内需体系,逐步形成以国内大循环为主体、国内国际双循环相互促进的新发展格局,培育新形势下我国参与国际合作和竞争的新优势。

一、中外经济总量占比此消彼长决定了内需对中国经济会越来越重要

国内市场一直是中国经济增长的重要引擎。改革开放以来,代表外需的商品与服务净出口占中国国内生产总值的比重最高的时候只是2007年达到过8.9%。不仅如此,中国经济总量近年来在全球比重越来越高。世界银行世界发展指数(WDI)数据显示,2005年

[①] 本文发表于《北京日报理论周刊》2020年6月15日。

到2018年间，中国国内生产总值占世界比重从4.81%逐年增加到15.84%，基本每年递增1%。中外经济总量在全球经济占比的"此消彼长"从根本上决定了中国经济会越来越依赖国内市场。中国已经是全球第二大经济体，只要今后中国经济增长率超过世界平均经济增长速度，中国经济越来越依靠内需的状况就不会变化。2018年，代表外需的商品与服务净出口占国内生产总值比重已经低至2.59%。随着中国贸易顺差收窄和经济继续增长，内需作为中国经济主要引擎的作用会持续增大。

二、大规模国内市场带来多重优势

中国可以被看作是一个大规模经济体，其中包含多重含义。绝对经济总量大，可以容纳比较完备的产业结构在经济体内部存在，各行业规模足够容纳多个企业在不牺牲规模经济效应的情况下相互竞争，从而同时收获规模经济效应、集聚经济效应和竞争效应；甚至可以容纳不同区域相互竞争，创造更为适宜且有差异化的营商环境，来吸引优势资源。2019年，中国国内生产总值总量为99.1万亿人民币，稳居全球第二；中国是全世界唯一拥有联合国产业分类中全部工业门类的国家，产业配套能力全球领先；中国在各个产业领域都有规模巨大的头部企业，同时很难形成垄断的市场结构，多数产业内部竞争激烈，企业可以同时收获规模经济效应和竞争效应。另外，地区间多年来也经历着经济增长等多方面的竞争，区域竞争被认为是中国经济制度中的典型特征之一。

大规模经济体的第二层含义可以是指占据全球经济比重大，有助于在全面开放的格局之下，对全球优势资源产生足够引力，也有利于规模经济效应明显的经济活动以国内市场为基础形成国际竞争力。2019年，中国经济总量稳居世界第二，占全球经济总量比重已经高达16%。此外，中国社会消费品零售总额超过41万亿人民币。更重要的是，中国仍然是中等收入国家，因此具备发展潜力。也就是说中国是同时具备"人均中等，总量巨大"这两个重要特征的经济体，也是全球唯一一个在中等收入阶段就成为大规模经济体的国家。这说明中国既有潜力，又有引力。这样，一方面可以在全球化背景之下，吸引全球优势资源，在中国形成生产能力以满足国内市场需求；另一方面，也可以以国内大市场需求为基础，使一些规模经济效应明显的产品在中国产生本地市场效应，产生出口竞争力，从而形成"以国内大循环为主体、国内国际双循环相互促进"的新发展格局。

三、推进更高水平对外开放，实现国内需求对国际要素的吸引力

要发挥中国国内大市场对全球优势资源的吸引力，从而挖掘中国经济发展的潜能，就需要尽量破除生产要素跨国流动的壁垒，让全球优势资源能够到中国大市场来寻求就业机会，竞争为中国国内市场提供服务，这就需要高水平对外开放。中国目前既有全球第二的经济总量，又有人均中等的收入水平，在很多领域都既具备巨大的市场规模也具备增长的潜力，可以为全球优质生产要素提供就业机会。比如中国的社会消费品零售总额全球领先，这就会吸引未来全球产品的研发设计、品牌建设、分销以及客户服务等更倾向于满足中国消费者的需求偏好，这些领域的全球优势资源也会向中国巨大的国内市场流动和集中，形成中国在生产性服务业领域的产业竞争力，推进产业结构升级，并最终推动形成国际竞争力。要实现国内需求对国际要素的吸引力，从而挖掘发展潜力，就需要高水平对外开放新格局。此次政府工作报告当中也提到要推动贸易和投资自由化、便利化。

要发挥大规模经济体的作用，首先就要成为一个经济体，即商品以及生产要素在内部的各个地区间实现比较充分的自由流动，商品市场和生产要素市场可以更高效率地发挥作用，使得各种行为的投入产出关系效率更高。《关于构建更加完善的要素市场化配置体制机制的意见》就构建更加完善的要素市场化配置体制机制提出了一系列重要措施，此次政府工作报告也明确指出要推进要素市场化配置改革，并做出了具体安排。

四、加快落实区域发展战略，继续发挥中国经济制度优势

一方面，发挥大规模经济体的作用需要商品以及生产要素在内部各地区间实现比较充分的自由流动。但是另一方面，多年来促进中国经济迅速增长的一个重要制度特征是区域间竞争，这种独特的经济制度被认为是中国经济在过去几个十年当中保持高速增长的重要解释；虽然在促成经济高速增长的同时，带来了地区分割、区域

间产业结构雷同等负面作用，但是在经济增长潜力巨大的时候，这种区域竞争制度的收益可能是大于成本的。然而，随着经济从高速增长阶段过渡到高质量发展阶段，这种区域竞争制度的收益逐渐下降，成本开始凸显，但是这并不能完全否定这种制度的优越性，而是应该对其进行一定的调整来更好地发挥其作用，降低其负面影响。其中一个调整方向大致就是将区域竞争过程中的竞争主体规模扩大，这就有点像产业经济学理论中的"某个产业发展到相对成熟期时就会出现企业间的合并"。但是不同之处在于，产业经济学中产业集中度提高是市场之看不见的手所主导的，而区域一体化战略则是在市场力量形成的产业集聚的基础之上，"政府之看得见的手"也要更好地发挥作用。因此，应当深入推进京津冀协同发展、粤港澳大湾区建设、长三角一体化发展，通过发展区域经济一体化，既可以加强商品和生产要素在国内的自由流动，又可以更好地发挥区域竞争的制度优势。

第二十三章

多措并举　促进形成强大国内市场[①]

中央经济工作会议将形成强大国内市场作为指导2019年经济工作的重要政策，这不仅是稳定当前经济增长的重要举措，更是保持经济长期稳定增长的重要战略抉择。

有数据显示，2018年社会消费品零售总额增速下降，汽车销量首次负增长，这既有长期消费结构升级方面的原因，也有短期消费倾向下降的原因。根据国家发改委刘宇南巡视员的观点，2018年居民实际可支配收入增长比2017年下降0.8%，股市震荡居民财产性收入增长困难、家庭债务水平上升等因素也确实是居民消费倾向短期有所下降的重要原因。

为此，2019年春节前，国家发改委等十部委发布《进一步优化供给推动消费平衡增长　促进形成强大国内市场的实施方案（2019年）》，提出24条具体措施来促进形成强大国内市场。这些措施考虑了导致消费"波动"的短期因素，比如提出包括补贴在内的一系列措施来鼓励汽车更新换代消费和居住改善类消费。但是整体来看，

[①] 原文刊载于《人民政协报》2019-02-15期06版。

政策措施也对促进形成强大国内市场的长效机制进行了重点考虑。

一是释放需求约束。比如"稳妥有序扩大皮卡车进城的限制范围""落实全面取消二手车限迁政策""鼓励限购城市优化机动车辆限购管理措施";再如第21条"持续完善消费基础设施"。这些措施都可缓解束缚人们消费需求的硬性约束条件,释放业已存在的需求潜力。

二是降低消费的交易成本。比如第22条"加强质量认证体系建设";第24条"进一步加大消费者权益保护力度"。多措并举提升市场诚信水平,提升消费者信心。这有利于在国内形成高质量产品供给,将消费者的境外购物转移到国内。

三是促进居民可支配收入增长和分配来为消费扩大提供长效基础。比如第23条"持续深化收入分配改革";"进一步提高相对低收入群体的待遇"。这有利于提高整个社会的边际消费。

四是将促进形成强大国内市场与全面建成小康社会的国家战略有机结合,相互促进。比如通过"开展消费扶贫带动贫困地区产品销售,鼓励民营企业采取'以购代捐''以买代帮'等方式采购贫困地区的产品和服务",将促进消费与扶贫战略有机结合,这有助于消费服务于国家战略。

五是顺应消费新变化趋势以及消费升级需要。比如第11条"引导电商企业在乡镇和农村建设服务网点,开展品牌消费、品质消费系列活动"。这顺应了电商提升消费的趋势,也发挥了互联网在降低农村消费交易成本方面的优势。第14条"支持绿色、智能家电销售",第18条"扩大升级信息消费"以及第19条"加快推进高清视频产品消费"则是顺应了当前居民消费升级的趋势。

  总之,这些措施兼顾短期和长期目标,既可以保证2019年国内消费稳定增长,也可以帮助促进形成强大的国内市场,更好地发挥消费在中国长期经济增长中的基础性作用以及内需的主引擎作用。

参考文献

［1］江小涓．为什么能够起飞［M］．北京：中国建材出版社，1995．

［2］［英］亚当·斯密．国民财富的性质和原因的研究［M］．北京：商务印书馆，2003．

［3］杨小凯．经济学原理［M］．北京：中国社会科学出版社，1998．

［4］江小涓．服务全球化与服务外包：现状、趋势及理论分析［M］．北京：人民出版社，2008．

［5］喻国明．传媒影响力——传媒产业本质与竞争优势［M］．广州：南方日报出版社，2003．

［6］罗立彬．全球化背景下中国对外文化贸易发展战略——以影视产业为例［M］．北京：经济管理出版社，2019．

[7] [英] HESMONDHALGH D. 文化产业 [M]. 廖珮君, 译. 台北: 韦伯文化国际有限公司, 2006.

[8] [美] 保罗·R·克鲁格曼, 茅瑞斯·奥伯斯法尔德. 国际经济学 [M]. 海闻, 译. 北京: 中国人民大学出版社, 2006.

[9] [以] 埃尔赫南·赫尔普曼, [美] 保罗·克鲁格曼. 市场结构和对外贸易: 报酬递增、不完全竞争和国际经济 [M]. 尹翔硕和尹翔康, 译. 上海: 格致出版社, 2014.

[10] 严先溥. 重视进口战略对经济的推动作用 [J]. 北京财贸职业学院学报, 2018, 34 (4): 5-9.

[11] 陈勇兵, 仉荣, 曹亮. 中间品进口会促进企业生产率增长吗——基于中国企业微观数据的分析 [J]. 财贸经济, 2012 (3): 76-86.

[12] 钟建军. 进口中间品质量与中国制造业企业全要素生产率 [J]. 中南财经政法大学学报, 2016 (3): 124-132, 160.

[13] 罗立彬, 郭芮. 新时代背景下的服务贸易: 趋势与战略 [J]. 海外投资与出口信贷, 2018 (1): 14-18.

[14] 罗立彬. 电视节目模式国际贸易: 动因及对全球电视节目产业的影响 [J]. 文化产业研究, 2016 (3): 171-188.

[15] 罗立彬. 电视节目模式由引进到原创: 理论与案例分析 [J]. 中国文化产业评论, 2016 (1): 311-324.

[16] 刘根荣. 共享经济：传统经济模式的颠覆者 [J]. 经济学家, 2017, 5 (5): 97-104.

[17] 江小涓. 网络空间服务业：效率、约束及发展前景——以体育和文化产业为例 [J]. 经济研究, 2018, 53 (4): 4-17.

[18] 于文谦, 张琬婷. 二次售卖理论视角下大型体育场馆运营模式研究 [J]. 山东体育学院学报, 2017 (2): 16-21.

[19] 罗立彬. 模式引进与中国电视节目出口——加入本地市场效应的研究 [J]. 文化产业研究, 2017 (2): 214.

[20] 罗立彬, 汪浩. 影视产品经济特征与中国影视出口"一带一路"沿线国家的途径 [J]. 澳门城市研究, 2019 (9).

[21] 赵月琴, 四达时代打造新生态的国际传媒集团 [J]. 对外传播, 2017 (5): 19-21.

[22] 罗立彬. 中国文化贸易进口与中国文化走出去：以电影产业为例 [J]. 东岳论丛, 2017 (5): 93-102.

[23] 江小涓, 罗立彬. 网络时代的服务全球化——新引擎、加速度和大国竞争力 [J]. 中国社会科学, 2019 (2): 68-91, 205-206.

[24] 罗立彬. 对外开放对中国电影产业发展的作用：兼论进一步扩大开放的战略 [J]. 文化产业研究, 2016 (1): 179-190.

[25] 罗立彬, 郁佩芳. 中国电影票房规模影响因素及预测——

兼论新阶段中国电影产业发展战略［J］. 文化产业研究, 2018 (1): 254-270.

［26］罗立彬, 孙俊新. 中国文化产品贸易与文化服务贸易竞争力: 对比与趋势［J］. 财贸经济, 2013 (2): 91-100, 136.

［27］内容产业年度统计数据出炉: 韩国电视节目海外输出成果显著［N］. 中国文化报, 2015-01-12.

［28］金碚. 准确把握现代产业体系的开放性［N］. 经济日报, 2018-07-20.

［29］罗立彬, 刘尧尧. "一带一路" 倡议背景下的中国对外文化贸易: 机遇、挑战与战略［J］. 区域与全球发展, 2018 (6): 68-77.

［30］罗立彬: 中国经济崛起为汉语国际传播提供最有利条件［EB/OL］. 中国社会科学网, 2017-06-27.

［31］金炯秀. 中国手机市场中外品牌份额变化及原因［D］. 北京: 对外经济贸易大学, 2006.

［32］李有. 进口贸易的技术溢出效应——理论与证据［D］. 杭州: 浙江大学, 2006.

［33］虎岩. 我国进口贸易的技术溢出效应研究［D］. 上海: 同济大学, 2008.

［34］宣晓伟. 分工深化、社会结构与国家治理现代化［J］.

国家治理, 2017 (2): 28 - 35.

[35] WALDFOGEL J. Digital Renaissance [M]. Princeton: Princeton University Press, 2018: 82.

[36] HALPERN L, KOREN M, SZEIDL A. Imported Inputs and Productivity [J]. The American Economic Review, 2015 (12): 3660 - 3703.

[37] SALVO A. Inferring Market Power Under the Threat of Entry: The Case of the Brazilian Cement Industry [J]. The RAND Journal of Economics, 2010, 41 (2), 326 - 350.

[38] CABRAL S, MANTEU C. Gains From Import Variety: The Case of Portugal [J]. Economic Bulletin and Financial Stability Report Articles, 2010, 85 - 102.

[39] CHEN B, MA H. Import Variety and Welfare Gain in China [J]. Review of International Economics, 2012, 20 (4), 807 - 820.

[40] KRISHNA P, MITRA D. Trade Liberalization, Market Discipline and Productivity Growth: New Evidence From India [J]. Journal of Development Economics, 1998, 56 (2), 447 - 462.

[41] DEVEREUX M B, LEE K M. Dynamic Gains From International Trade with Imperfect Competition and Market Power [J]. Review of Development Economics, 2001, 5 (2), 239 - 255.

[42] BADINGER H. Has the EU's Single Market Programme Fos-

tered Competition? Testing for a Decrease in Mark – up Ratios in EU Industries [J]. Oxford Bulletin of Economics and Statistics, 2007, 69 (4), 497 – 519.

[43] BOLER E A, MOXNES A, ULLTVEIT – MOE K H, et al. International Sourcing, and the Joint Impact on Firm Performance [J]. American Economic Review, 2015, 105 (12): 3704 – 3739.

[44] HOSKINS C, MIRUS R, ROZEBOOM W. US Television Programs in the International Market: Unfair Pricing? [J]. Journal of Communication, 1989, 39 (2): 55 – 75.

[45] DISDIER A C, HEAD K, MAYER T. Exposure to foreign media and changes in cultural traits: Evidence from naming patterns in France [J]. Journal of International Economics, 2010, 80 (2): 226 – 238.

[46] HOSKINS C, MIRUS R. Reasons for the U. S. Dominance of the International Trade in Television Programs [J]. Media Culture & Society, 1988, 10 (4): 499 – 504.

[47] JANEBA E. International trade and consumption network externalities [J]. European Economic Review, 2007, 51 (4): 781 – 803.

[48] MAS – COLELL A. Should Cultural Goods Be Treated Differently? [J]. Journal of Cultural Economics, 1999, 23 (1 – 2): 87 – 93.

[49] RAUCH J E, TRINDADE V. Neckties in the tropics: a model of international trade and cultural diversity [J]. Canadian Journal of Economics/revue Canadienne Déconomique, 2009, 42 (3): 809-843.

[50] RICHARDSON M, WILKIE S. Faddists, Enthusiasts and Canadian Divas: Broadcasting Quotas and the Supply Response [J]. Review of International Economics, 2015, 23 (2): 404-424.

[51] ROSEN S. The Economics of Superstars [J]. The American Economic Review, 1981, 71 (5): 845-58.

后 记

2018年6月，我得到一次机会，《人民画报》杂志向我约稿，希望我从自己的专业出发，撰写一篇评论文章，论述加入世界贸易组织之后中国经济的发展及对世界经济的贡献。接到约稿的时候，我正在国外参加完学术会议，在机场候机准备回国。约稿时间比较紧，我也不敢怠慢，于是在回国的飞机上我就构思这篇文章并写了初稿，我把之前几年来的思考都用很精简的语言放到了这篇短文当中，到北京后我又修改了几遍就发给了杂志社。后来这篇文章，不仅出现在了杂志的官方网站上，还陆续以中文、俄文和韩文出现在新加坡的《联合早报》、俄罗斯的《俄罗斯报》、哈萨克斯坦最大的俄文报纸《共青团真理报》以及韩国的《中央日报》上。这让我惊喜，我没想到我的一些思考和观点也可以以这种方式得到认可。

从那以后，一些其他类似约稿陆续出现，遇到与我过去思考和研究相关的选题，我也都尝试去写。不知不觉间几年过去了，也积累了有几十篇之多。这其中多数是对领导人重要讲话精神、党和国家重要会议精神的解读和评论。在撰写这些文章时，我总是希望把我自己这些年来对于中国在全球化、外资外贸、服务贸易以及文化贸易等领域的研究、思考和观点表达出来。这些年来，我在上述领域进行了不少的研究和思考，主要的观点有两方面：一是从长期看全球化仍然是不可阻挡的大趋势，也是中国经济社会发展所面对的大环境；二是中国有"人均中等、总量巨大"这个独一无二的国情特征，也是独特的国情优势，可以帮助中国利用全球化机遇，挖掘潜力，实现快速健康高质量发展，这体现在服务贸易、文化贸易、制造业发展等各个领域。所以我在撰写这些文章的时候，将上述两条主线贯穿其中。

去年我看到了光明日报出版社的征稿函，就尝试着收集了近年来撰写的一些文章，形成书稿投了过去，很幸运的是选题通过了。于是就有了这本书的出版。我把这些文章分成了三篇：全球化与中国优势篇；服务贸易与文化贸易篇；双循环新发展格局篇。这些文章虽然表面上看涉及背景多元，但我在撰写过程中，其实始终体现上文中所讲到的两大主要观点，因此基本可以做到观点整体统一，前后一致。这本书是我过去几年相关研究的记录，也希望能够向读者传达我的主要观点。

感谢近年来在研究道路上提供鼓励、支持、机会与帮助的各届人士和朋友，也特别感谢光明日报出版社提供的机会，还感谢我的单位北京第二外国语学院提供出版资助。由于作者水平有限，书中错误难免，期待读者的批评指正。

罗立彬

2022年4月27日于北京